입술의 열매

입술의 열매

약藥이 되는 말 - 영혼을 살리는 150가지 말
독毒이 되는 말 - 영혼을 죽이는 150가지 말

꿈이 많은 사람 노길상 지음

솔라피데출판사

ᆫ 예배와 삶의 일치

복음에는 하나님의 의가 나타나서
믿음으로 믿음에 이르게 하나니; 기록된바,
"오직 의인은 믿음으로 말미암아 살리라" 함과 같으니라.

로마서 1:17

입술의 열매
열매 시리즈 - 1

초판 1쇄 인쇄 : 2016년 10월 10일
초판 1쇄 발행 : 2016년 10월 25일

저자 : 노 길 상
발행인 : 이원우 / 발행처 : 솔라피데출판사
주소 : (10881) 경기도 파주시 문발로 123 파주출판문화정보산업단지
전화 : (031)992-8692 / 팩스 : (031)955-4433
Email : vsbook@hanmail.net
등록번호 : 제10-1452호
공급처 : 미스바출판유통
전화 : (031)992-8691 / 팩스 : (031)955-4433

Copyright ⓒ 2016 SolaFideBooks
Printed in Korea
값 15,000 원
ISBN 978-89-5750-090-3 03230

나는 청소년 때 많은 단편, 장편 문학 소설과 시집을 좋아했다.

그리고 가장 부럽고 존경스러운 사람은 글을 잘 쓰고, 말을 잘 하는 사람이었다.

그 이후 나이가 차츰 들고 교회를 섬기면서 그전에 좋아하던 책과 그 내용의 한계를 알게 되었고, 그러한 내용은 인간의 근본 문제와 영혼의 깊은 고민을 해결할 수 없는 것을 알게 되었다.

깨어진 유리조각처럼 하나님 앞에 산산조각 난 인간의 실존을 누가 치료할 수 있고 해결할 수 있는가?

찬송가에 있는 대로 주 예수밖에 누가 있으랴!

금번 우리 교회의 안수집사이신 노길상 집사님이 "입술의 열매"란 책을 내어놓게 되었습니다.

오랫동안 성화 봉송처럼 기도하며 참고, 정성을 다하여 한자 한자를 적어 온 것입니다.

많은 영혼을 살찌우는 말씀, 치료하는 내용으로 가득 차 있습니다.

강단에서 제목처럼 사용해도 좋고, 청소년의 인격을 좋은 품성으로 만드는데 좋은 재료가 될 것 같습니다.

우리가 그리스도를 닮아야 하는데 이 책은 안내자 역할을 할 것입니다.

명성교회 김삼환 목사

"해서는 안될 말 말 말!"

자녀 교육에 대한 강의를 하면서 학무모를 만나다 보면 많은 분들이 "우리 애가 왜 그런지를 모르겠어요. 전에는 그렇게 착하고 말도 없던 애가 하지 말라는 짓만 골라 하면서 반항을 하고, 내 속을 뒤집어 놓아요." 라는 공통된 고민을 털어 놓습니다. '나처럼 교육적이고 잘해주는 부모도 없는데' 왜 아이는 부모의 소원대로 자라주질 않을까요.

이런 경우 부모님의 교육 방식이 특별히 잘못 되었거나 아이들이 특별한 문제를 갖고 있는 경우보다는 가정 안에서 무심코 하는 부모님들의 말에 아이들의 감수성과 영혼이 상처를 받기 때문에 일어나는 문제가 많습니다.

"도대체 너는 뭐 하나 제대로 하는 것이 없니?" 라는 부모님의 말은 화가 나서 그냥 하는 말이지만, 아이들은 두고두고 나는 아무 것도 못하는 사람이라는 왜곡된 자아상을 가지게 합니다.

아무리 고급스럽고 좋은 환경을 만들어 줘도, 고액 과외교사가 24시간을 대기 중이어도, 부모님의 무심코 던진 말 한마디는 이런 모든 환경을 제로(0)로 만들어 버릴 수도 있습니다.

말이라고 다 말은 아닙니다. 듣는 사람의 입장을 고려하지 않은 말, 내 기분은 좋은데 듣는 상대는 짜증이 나는 말, 나에게도 남에게도 오히려 해가 되는 말들이 이 세상에는 너무나 많이 있습니다.

한 마디 말이라도 자녀가 긍지를 느끼고, 자부심을 느끼는 말, 듣고 나면 희망이 생기고 힘이 되는 말을 해 주십시오.

나아가, 해서 될 말과 해서는 안될 말을 구분하여 사용할 줄 아는 지혜를 가진 사람은 인생에서 만나게 되는 문제의 반 이상을 풀 줄 아는 열쇠를 가진 사람이라고 말하고 싶습니다.

그러므로 본서는 입을 가진 사람들이라면, 꼭 읽어야 할 책이라고 생각합니다.

십대들의 쪽지 초대발행인 김형모

깊은 산골에서 태어나 자연 속에 묻혀 살다보니 세상 물정 모르고
살았습니다. 아는 단어도 부족했고, 쓰는 말도 단순했습니다.

그런데 순박하고, 마음씨 좋고, 한없이 좋은 사람들이 모여서 사는
깊은 산골이었는데도 어른들은 욕과 저주를 잘했습니다. 신기한 것은
그 욕을 먹는 대상들이 모두 자기 자식들이었습니다. 도무지 이유를
알 수가 없는 일이었습니다. 욕도 보통 욕이 아니라 도저히 인용할 수
없는 끔찍한 저주를 퍼부었습니다.

우리 마을에서 처음으로 예수를 믿게 되신 부모님은 유일하게 욕을
안 하셨습니다. 그래서 인지 저도 욕을 안 했습니다. 마음속에서 생기
지도 않았고, 입 밖으로 나가지도 않았습니다.

하나님께서 그렇게 하셨다고 생각합니다. 욕이 섞이지 않으면 대화
가 안 되는 중고등학교 시절에도 욕은 도무지 어색하고 불편해서 하지
를 못했습니다.

"입술의 열매"는 하나님께서 쓰게 하신 선물입니다. 한번 잠이 들면
새벽까지 깨지 않고 잠을 잤었는데 며칠을 연속으로 새벽 2시경에 잠
이 깨면서 좋은 말과 나쁜 말들이 꼬리를 물고 떠올랐습니다. 이상한
일도 있다고 생각하며 아무리 잠을 청해도 잠은 오지 않고 끊임없는
말들이 이어졌습니다.

얼마 후, 그때에 떠올랐던 말들을 적어보니 300개가 넘었습니다. 신기해서 1년치를 노트에 적어 놓고 식구들에게 보여주었는데 "아빠 책으로 내서 많은 사람들이 읽고 변했으면 좋겠어요." 라는 딸아이의 말에 "무슨 말도 안되는 소리를 하냐." 라며 핀잔을 주었는데 어찌하다 보니 책으로 나오게 되었습니다.

부족하고 창피한 마음에 이름을 쓰기가 어색해서 "꿈이 많은 사람" 으로 필명을 했었습니다.

그러다 꼭 20년의 세월이 흘러서 "약이되는 말"과 "독이되는 말"을 한권으로 합본을 하게 되면서 이런 저런 요청에 의해 어색하지만 이름을 적어 넣게 되었습니다. 쑥스럽습니다.

요즘처럼 말 한마디로 인해 죽고 사는 세상, 실패자로 끌어 내릴 수도 있고, 승리자로 끌어 올려 줄 수도 있는 말 한마디를 하는데 이 책이 조금이나마 도움이 되었으면 좋겠습니다.

좋은 말로 세상이 밝아지기를 소원하는
꿈이 많은 사람 노길상

CONTENTS

약藥이 되는 한마디 17

입술의 열매

CONTENTS

독毒이 되는 한마디 185

입술의 열매

CHAPTER. 8
입술에 독이 되는 말 … 321

입술의 열매

약이 되는 말

약藥이 되는 한마디

어느 시인은 봄을 아지랑이를 타고 오는 손님이라 했습니다.
그러면 여름은 소나기를 타고 올까요? 아니면 뭉게구름?
그렇다면 가을은 빨간 고추잠자리를 타고 오겠지요?
겨울은 코끝을 시리게 하는 매운 바람을 타고 날아와,
우리 곁에 슬그머니 내려앉는다고 생각합니다.

그러면 축복은 무엇을 타고 올까요?
분명히 타고 오는 것이 있을 텐데….
수돗물은 수도관을 타고와 우리네 살림살이를 돕고,
전기는 전선을 타고 들어와 어둠을 밝힙니다.
그런데 축복은 무엇을 타고 내게 들어오는지 잘 보이지 않습니다.
그러나 그 통로는 너무나 내 가까이에 있습니다.
바로 내 입술입니다.
이 입술을 타고 축복도 들어오고 저주도 들어옵니다.
이 입술을 타고 축복도 나가고 저주도 나갑니다.

농부는 밭에 씨를 뿌립니다. 땅에 파묻힌 씨는 보이지 않으나 이내
싹을 내고 열매를 맺습니다.
가을이 되면 100배의 결실을 거둡니다.
사람은 마음에 말을 뿌립니다. 마음에 떨어진 말은 보이지 않으나
이내 싹을 내고 열매를 거둡니다.

그것도 내가 뿌린 상상 이상의 많은 것으로 말입니다.

세상에서 가장 하기 쉬운 것도 말이고, 또한 가장 하기 어려운 것도 말입니다.

아울러 가장 선한 것도 말이고, 가장 악한 것도 말입니다. 말 속에는 천사도 있고, 마귀도 있으며, 천국도 있고, 지옥도 있습니다. 모든 것은 내 입술을 내가 어떻게 관리하느냐에 달려있습니다.

우리 생활 주변에서 지금껏 가리지 않고 마구 내보낸 말들이 얼마나 많을까요? 그 말들 중에서 사람을 살리는 말, 해야 할 말, 약이 되는 말들을 골라 적어보았습니다.

한 가정에서 전등 하나를 끄면 수억의 자원이 절약되듯이, 우리 한 사람 한 사람이 매일 좋은 말을 한 마디씩이라도 한다면, 이 땅이 얼마나 밝아질까요?

좋은 말을 합시다. 사랑의 말, 위로의 말, 격려의 말, 감사하는 말, 칭찬하는 말, 소망의 말, 긍정적인 말을 합시다.

그리하여 하나님께서 아름답게 지으신 이 세상을 아름답게 가꾸어 갑시다!

CHAPTER. 1
입술을 타고 축복이 들어온다

나는 오늘도 폭력을 휘두르고 있다.
차라리 주먹이라면 피해가 적을 텐데,
내가 휘두르는 것은 언어의 폭력이다.
이 폭력에 맞서서 아내와 자식이 멍들고,
가정이 깨지고, 친구가 터진다.
그러나 문제는 이런 결과가 나오는 것을
나 자신은 모른다는 것이다.

감사합니다

"감사합니다."

이 말 만큼 좋은 말이 또 있을까요?

우리가 일생을 살면서 반드시 해야 할 세 가지 말이 있다면

"사랑합니다." "감사합니다." "미안합니다."가 아닐까요?

이 세 가지 말만 입술 가까이에 두고 살면 일평생 복된 삶이 되리라

믿습니다.

인류 역사상 최고의 삶을 산 분을 다윗이라고 말합니다.

최고의 왕, 최고의 장군, 최고의 시인이었습니다.

오늘날의 빌 게이츠나 최고 갑부 록펠러가 가졌던 부와도

비길 수 없는 부와 영예를 다윗은 소유했습니다.

다윗처럼 고난을 많이 당한 분도 인류 역사상 또 없을 것입니다.

그러나 다윗의 입술에는 언제나 감사가 떠나지 않았습니다.

사울 왕의 추격꾼이 목전에 이르러 죽음의 일보 직전에서도

다윗의 입술에는 감사가 살아있었습니다.

도저히 납득할 수 없는 고난의 한복판에서도 신기하게도

다윗은 감사했습니다.

그 감사가 다윗을 승리하게 했고, 위대하게 했습니다.

감사할 일이 전혀 없으신가요?

그래도 감사하면 감사할 일이 생기겠지요.

여호와께 감사하라 그는 선하시며 그 인자하심이 영원함이로다
(시 136:1-26)

좋아 보이네요

남을 좋게 봐주는 것은 즐거운 일입니다.
나도 즐겁고 상대방도 즐겁습니다. 꽃이 아름다우면 나비도 춤을 추듯이 좋은 말은 모두를 행복하게 합니다.

활짝 웃는 모습을 보고, 미소 띤 얼굴을 보고, 첫 추위에 빨갛게 달아오른 혈색 좋은 볼을 보고, 살짝 악센트를 가미한 눈 화장을 보고 그냥 무뚝뚝하게 지나치지 마세요.

"좋아 보이네요."
이 한마디로 더 좋아지게 하는 활력소가 될 것입니다.
긴 머리는 여자다워서 좋고, 짧은 머리는 발랄해 보여서 아름답습니다. 숏다리는 안정감이 있어서 좋고, 롱다리는 시원해서 좋습니다.
좋게 보면 좋게 되고, 나쁘게 보면 더 나쁘게 됩니다.
이제부터 이렇게 말하세요.

"좋아 보이네요."

나의 사랑하는 자가 내게 말하여 이르기를 나의 사랑, 내 어여쁜 자야
일어나서 함께 가자 겨울도 지나고 비도 그쳤고 지면에는
꽃이 피고 새가 노래할 때가 이르렀는데 비둘기의 소리가 우리 땅에 들리는구나
(아 2:10-12)

인상이 좋으시군요

예쁜 얼굴과 인상이 좋은 것은 다릅니다.

미남과 인상이 좋은 것도 다릅니다. 빼어난 미모를 갖추었다고 해도
그 얼굴에서 풍기는 것이 미모를 뒷받침해 주지 못할 때가 많습니다.
인상은 얼굴의 생김새와는 아무런 관계가 없습니다. 미끈한 얼굴에 냉
소와 공허를 느낄 수 있고, 울퉁불퉁한 얼굴에서도 따뜻함과 포근한
안식을 느낄 수가 있습니다.

"인상이 좋으시군요." 라고 말하세요.
살기가 등등하고 금방이라도 달려들 정도가 아니라면 그렇게 말하세요.
다소 경직된 표정이더라도 마음에서 우러나오는 이 한마디는 그분의
긴장을 풀어 주고 점점 더 좋은 인상으로 가꾸어 줄 것입니다.
단번에 좋아지는 것은 없습니다. 당신의 인상은 최고로 좋아질 수 있
습니다. 인상 쓰지 마세요. 쓰시려면 마음을 쓰세요.
그리고 다정한 벗이나 가족에게 짧지만 부드러운 편지를 쓰세요.

요나단은 다윗의 용기와 신뢰가 가득한 얼굴을 보고 성경에 둘도 없는
우정의 꽃을 피웠습니다.

> 다윗이 사울에게 말하기를 마치매
> 요나단의 마음이 다윗의 마음과 하나가 되어
> 요나단이 그를 자기 생명 같이 사랑하니라
> (삼상 18:1)

언제 뵈어도
한결같으시군요

변하는 세상에 살고 있습니다.

인심도 많이 변했고, 가치관도 많이 변했습니다. 노래도 많이 변했습니다. 옛 노래는 따라 흥얼거릴 수 있었는데 요즘 노래는 무슨 말인지 잘 알아들을 수 없습니다.

물론 변하는 것이 아름다운 것도 있습니다. 계절의 변화는 우리를 생기가 넘치게 합니다. 같은 나무인데도 꽃이 만발하였다가 잎이 청청한가 하면 어느새 붉은 옷으로 갈아입고 뒤이어 눈꽃이 만발한 모습들은 삶의 의욕을 일으켜 줍니다. 문제는 변하지 말아야 할 것들이 변하는 것입니다. 신앙은 변해서는 안됩니다. 시대가 달라져도 옛날 조상들이 간직했던 뿌리 깊은 신앙을 계속 이어가야 합니다. 새벽을 깨웠던 그 신앙을 변치 않고 이어가야 합니다. 고난 중에 오래 참았던 그 신앙을 이어가야 합니다.

다윗은 한결같았습니다. 어린 목동일 때나 망명의 객이 되었을 때나 왕이었을 때나 아들을 피해서 도망자의 처량한 신세가 되었을 때에도 하나님을 향한 마음이 한결같았습니다.

우리 주 예수 그리스도를 변함 없이 사랑하는 모든 자에게 은혜가 있을지어다
(엡 6:24)

목소리만 들어도
누군지 알겠어요

사랑하는 사람의 목소리를 들으면 행복해집니다.
그 목소리는 모습이 안 보여도 알아들을 수 있고 여러 사람이 재잘거려도 사랑하는 사람의 목소리는 구별해 낼 수 있습니다.

그것은 그에 대한 사랑이 있기 때문입니다. 사랑은 모든 것을 가능하게 합니다. 무한한 힘의 근원이 됩니다.
한 달 이상의 긴 방학을 마치고 왁자지껄한 교실에 들어서면 눈을 감아도 누가 떠들어대고 누구의 웃음인지를 알 수 있습니다. 10여 년을 헤어져 서로 잊었던 고향 친구가 어떻게 전화번호를 알았는지 전화를 걸어왔습니다. 그것도 멀리 부산에서 서울로 걸려온 전화였습니다. 그런데도 참 신기한 것은 "야, 너 갑상이 아니냐?" 대뜸 제 입에서 나간 첫마디였습니다.

하나님은 참 신기하십니다. 어떻게 그렇게도 많고 많은 사람들의 목소리를 다르게 하셨을까? 또 한 번 신기한 것은 그렇게 각기 다른 목소리를 다 구별하여 알아들을 수 있을까?
그저 하나님께 감사할 뿐입니다.

내 사랑하는 자의 목소리로구나 보라 그가 산에서 달리고 작은 산을 빨리 넘어오는구나
(아 2:8)

수고하셨어요

땀 흘린 뒤의 냉수 한 컵은 참으로 시원합니다.

숨이 턱에 차도록 헉헉거리며 정상에 올라 천하를 내려다보며 마시는 물 한 모금은 모든 피로를 가시게 합니다.

일을 마치고 일어서는 분들에게 한 마디 하세요.

"수고하셨어요."

그날의 피로는 이 한마디로 풀릴 것입니다.

버스를 내리며 한마디 하세요.

"기사님, 수고하셨어요."

엘리베이터 단추를 누르며 한마디 하세요.

"수고하시네요."

집에 들어서면서 한마디 하세요.

"집안일 하느라 수고 많았지요?"

문을 열어 주면서 한마디 하세요.

"여보! 수고하셨어요."

말라서 금방 시들어 버릴 것 같은 화초에 물 한 그릇을 주어 보세요. 신기하게도 금방 싱싱하게 일어섭니다.

하루 일을 마친 후, 그냥 헤어지지 말고 이렇게 말하세요.

"수고하셨어요."

사람은 그 입의 대답으로 말미암아 기쁨을 얻나니 때에 맞는 말이 얼마나 아름다운고
(잠 15:23)

역시 당신이 최고예요

칭찬하는 사람은 마음의 여유가 있는 사람입니다.

칭찬하기가 쉬울 것 같지만 그렇게 쉽지는 않습니다. 마음의 여유가 없으면 불가능하고, 노력하지 않으면 잘 안됩니다. 좋은 것일수록 쉽게 되는 일은 없습니다. 욕은 안 배워도 잘되고, 원망과 시기도 연습 없이 잘됩니다. 게으름, 낙심, 비방도 별도의 노력 없이 잘되는 자동화 시스템입니다.

그러나 좋은 것은 노력해야 합니다. 애써야 합니다.

사랑도 좋은 것이기에 희생의 노력이 필요하고 봉사도 나를 쳐서 복종시키는 아픔이 있어야 제대로 감당할 수 있습니다.

칭찬은 참 좋은 무기입니다. 적절한 칭찬은 위대한 힘을 발휘합니다.

칭찬하세요. 칭찬하는 훈련을 하세요.

"역시 당신이 최고예요."

이 한마디는 최고가 아닌 사람일지라도 최고로 만드는 무한한 에너지가 숨어 있습니다.

예수께서 대답하여 이르시되 바요나 시몬아 네가 복이 있도다
이를 네게 알게 한 이는 혈육이 아니요 하늘에 계신 내 아버지시니라 또 내가 네게 이르노니
너는 베드로라 내가 이 반석 위에 내 교회를 세우리니 음부의 권세가 이기지 못하리라
(마 16:17-18)

잘 참으셨어요

누구에게나 어려움이 있습니다.

어려울 때 참고 견디면 좋은 날이 온다는 것을 누구나 알고 있습니다. 몰라서 참지 못하는 사람은 없습니다. 인내의 열매가 좋다는 것은 알지만 오래 참고 견디기가 어렵기 때문에 많은 사람들이 중도에 포기하는 경우가 많은 것입니다. 이럴 때 한사람의 격려의 말은 엄청난 힘을 가져다줍니다.

더 이상 견디기 어려워 주저앉고 싶을 때 누군가 옆에서 "잘 참으셨어요. 조금만 더 인내하세요. 당신은 할 수 있어요." 라고 했을 때 그는 힘차게 일어나 끝까지 달려갈 수 있습니다.

주위의 누군가 어려움을 당하고 계신가요? 가서 격려하세요. 당신이 당하고 계신가요? 말씀을 읽으세요. 하나님의 격려가 끊임없이 당신을 밀어 주실 것입니다. 이 찬송을 불러 보세요.

"나의 등 뒤에서 나를 도우시는 주 나의 인생길에서 지치고 곤하여
매일처럼 주저앉고 싶을 때 나를 밀어주시네 일어나 걸어라
내가 새 힘을 주리니 일어나 너 걸어라 내 너를 도우리"

시험을 참는 자는 복이 있나니 이는 시련을 견디어 낸 자가
주께서 자기를 사랑하는 자들에게 약속하신 생명의 면류관을 얻을 것이기 때문이라
(약 1:12)

그 옷 잘 어울리네요

우리는 옷차림에 신경을 많이 씁니다.

거울 앞에 서는 이유가 얼굴 아니면 옷차림 때문일 것입니다. 옷차림은 입는 사람의 인격을 나타냅니다. 직업을 나타내기도 하고, 성격을 나타내기도 합니다.

어울리게 입는 것은 그 옷의 가격과는 관계가 없습니다. 환경에 가장 적합하게 입는 것이 어울리는 옷차림입니다.

학생다운 옷차림, 가정주부다운 옷차림, 직장인다운 옷차림이면 최고의 멋쟁이입니다.

분위기에 잘 맞는 옷을 입는 분을 보셨나요? 가볍게 한 마디 하세요.

"그 옷 잘 어울리네요."

작은 한마디가 천국을 만듭니다.

능력과 존귀로 옷을 삼고 후일을 웃으며 입을 열어 지혜를 베풀며
그의 혀로 인애의 법을 말하며 자기의 집안 일을 보살피고
게을리 얻은 양식을 먹지 아니하나니 그의 자식들은 일어나 감사하며
그의 남편은 칭찬하기를 덕행 있는 여자가 많으나 그대는 모든 여자보다 뛰어나다 하느니라
고운 것도 거짓되고 아름다운 것도 헛되나 오직 여호와를 경외하는 여자는 칭찬을 받을 것이라
(잠 31:25-30)

잘 되시지요?

경기가 좋지 않고 어려움이 있어도 부정적으로 생각하지 마세요.
잘 될 것이라고 생각하고, 또 다른 사람에게 물어볼 때도 긍정적으로
물어보세요.

잘 될 줄 믿고 희망 속에 추진하는 것과 잘 안될 것 같아서 소신 없이
하는 것과는 차이가 많습니다. 앞서 뛰는 선수를 꼭 따라잡아야지 하
고 이를 악물고 뛰는 것과 저 선수는 평소에 나보다 빠른 사람이니 뛰
어봤자 앞지를 가능성이 없다고 생각하고 뛰는 것은 차이가 많습니다.
상대의 컨디션이 나쁘면 따라잡을 수도 있고, 아니라 하더라도 2등은
할 수 있습니다.

좋게 말하세요. 남이 잘되기를 바라세요. 그러면 남보다 먼저 내가 잘
됩니다. 좋게 생각하세요. 새가 운다고 하지 말고 노래한다고 하세요.
늙는다고 생각하지 마세요. 성숙해진다고 생각하세요.

젊으면 힘이 있어 좋고, 나이 먹으면 경험이 풍부해서 좋습니다.

마침 보아스가 베들레헴에서부터 와서 베는 자들에게 이르되
여호와께서 너희와 함께 하시기를 원하노라 하니 그들이 대답하되
여호와께서 당신에게 복 주시기를 원하나이다 하니라
(룻 2:4)

분위기가 좋군요

모임에는 분위기가 있습니다.
즐거운 모임에는 거기에 걸맞는 분위기를 조성하고, 경건한 모임에는
조용하고 엄숙한 분위기를 조성합니다.

분위기는 일차적으로 외적인 내용으로 조성됩니다. 실내의 조명, 색
채, 음향, 장식물, 바닥재 등 눈에 보이는 요소들이 분위기에 영향을
줍니다. 그러나 더 중요한 것은 모인 사람들의 마음입니다. 그리고 그
마음에서 우러나오는 표정과 말씨에서 결정됩니다.
화려한 궁궐에서 온갖 보석으로 꾸민 잔치도 분위기가 살벌할 수 있
고, 초라한 오두막집 호롱불 아래서도 사랑과 감사가 가득한 최고의
분위기가 있습니다.
분위기는 돈이 만드는 것이 아니라 사람이 만듭니다.
분위기는 풍성함이 만드는 것이 아니라 말이 만듭니다.

"분위기가 참 좋군요."
따뜻한 이 한마디는 장소를 떠나서 그곳을 최고의 분위기로 만들어 줄
것입니다.

마리아는 지극히 비싼 향유 곧 순전한 나드 한 근을 가져다가
예수의 발에 붓고 자기 머리털로 그의 발을 닦으니 향유 냄새가 집에 가득하더라
(요 12:3)

벽지 참 잘 고르셨네요

크고 대단한 것을 찾으려고 애쓰지 마세요.

우리 생활 주변에는 작지만 아름다운 것들이 많습니다. 장미도 아름답지만 빈들에 핀 이름 모를 작은 꽃도 아름답습니다. 깊은 산속 아무도 와주지 않는 곳에 홀로 핀 야생화도 참으로 아름답습니다. 순결하고 청아합니다.

거대한 바위산도 아름답습니다. 그러나 시냇가의 조약돌도 아름답습니다. 폭포도 아름답습니다. 성난 파도가 솟구치는 바다도 아름답습니다. 그리고 작은 시냇물도 작은 연못도 아름답습니다.

행복도 크고 좋은 모든 것을 소유해야 누리는 것이 아닙니다. 큰 것에서 행복을 찾으려 하지 마세요. 금방 행복은 끝나고 더 이상의 행복이 오지 않습니다. 작은 것에서부터 행복을 찾아 나가세요. 행복은 일생을 통해 우리 것이 될 것입니다.

"벽지 참 잘 고르셨네요."
작은 발견이 위대한 발견의 시작입니다.

가산이 적어도 여호와를 경외하는 것이 크게 부하고 번뇌하는 것보다 나으니라
채소를 먹으며 서로 사랑하는 것이 살진 소를 먹으며 서로 미워하는 것보다 나으니라
(잠 15:16-17)

잘 어울리시네요

작은 칭찬은 보약보다 효과가 큽니다.
아침의 칭찬은 하루를 밝게 합니다. 어릴 때에 아버지께서 들려주신
이야기가 생각납니다.

우리 집은 첩첩 산골이라 옛날에는 호랑이도 있었다고 합니다. 마을
처녀들이 나물 캐러 들로 나갔다가 점점 산 속까지 들어가게 되었습니
다. 얼마를 들어갔을 때 수풀 속에 고양이 새끼 몇 마리를 발견했습니
다. 어찌나 예쁘고 귀엽게 생겼던지 머리를 쓰다듬으며 먹을 것을 주
었답니다. 바로 그때 엄마 호랑이가 "어흥!" 하고 소리를 지르며 나타
났습니다. 호랑이 새끼를 고양이 새끼로 잘못 본 것이지요. 기절초풍
한 처녀들은 넘어지고 자빠지며 온몸이 땀과 흙 범벅이 되어서 기다시
피 마을로 내려와 병들어 눕게 되었는데 신기하게도 다음날 아침 마루
위에는 어제 팽개치고 왔던 나물 바구니와 처녀들이 먹을 산삼이 집집
마다 놓여 있었답니다. 전설따라 삼천리 같은 이야기지만 호랑이도 제
새끼 칭찬하고 예뻐하는 것은 좋아했나 봅니다.
가볍게 한마디 하세요.

"잘 어울리시네요."

사람은 입의 열매로 말미암아 복록에 족하며
그 손이 행하는 대로 자기가 받느니라
(잠 12:14)

건강해 보이시네요

건강의 축복은 최고의 축복이라고 생각합니다.
어느 약방에 붙어 있는 글귀가 생각납니다.
"재산을 잃는 것은 조금 잃는 것이고,
신용을 잃는 것은 많이 잃는 것이다.
그러나 건강을 잃는 것은 모든 것을 잃는 것이다."
공감이 가는 말입니다.
건강은 마음이 많이 좌우합니다. 마음이 건강하면 웬만한 병은 몸에
있더라도 자연 치유가 되고, 마음이 병들면 작은 병도 크게 키우는
경우가 많다고 합니다.

이런 인사를 종종 듣습니다.
"얼굴이 왜 그래요? 무슨 일 있으세요?"
이런 말을 들으면 기분이 좋지 않습니다. 진짜 무슨 일이 있을 것 같은
생각이 듭니다. 그러나 이런 인사도 종종 듣습니다.
"얼굴이 좋아진 것 같아요. 좋은 일 있으신가 봐요?"
이럴 땐 기분도 좋고 힘도 생깁니다. 의미는 똑같은데 듣는 말에 따라
이렇게 달라지나 봅니다.
남이 들어서 좋은 말을 하세요. 힘든 일 아니잖아요?

하나님이여 내가 늙어 백발이 될 때에도 나를 버리지 마시며
내가 주의 힘을 후대에 전하고 주의 능력을
장래의 모든 사람에게 전하기까지 나를 버리지 마소서
(시 71:18)

이 정도면 넉넉합니다

아무리 많이 가져도 더 가지려고 몸부림치는 사람들이 많습니다. 그만하면 충분한 것 같은데 가지고 있는 것은 보지 못하고 자꾸만 더 가지려고 합니다. 자족할 줄을 모릅니다.

욕심이 욕심을 낳고, 좀 더 누구보다 더, 더, 하다 보니 무리한 힘을 쓰게 되어 정상적이지 않는 방법까지 동원하게 됩니다.
욕심은 끝이 없습니다. 대한민국을 몽땅 가지면 만족할 것 같지만 그때는 세계를 몽땅 갖고 싶은 욕심을 갖게 되는 것이 사람입니다.
절제할 수 있는 적당한 욕심은 발전에 도움이 되는 것은 사실입니다. 그러나 절제의 브레이크가 파열된 욕심은 자신과 이웃을 불행의 낭떠러지로 인생의 자동차를 몰고 가게 합니다. 욕심을 갖되 절제와 자족의 브레이크를 반드시 점검하세요.

"바다가 보이는 언덕에 차를 멈추고…."
관광지 안내판의 문구처럼 행복이 보이는 언덕에 내 욕심의 자동차를 멈추세요.

내가 궁핍하므로 말하는 것이 아니라 어떠한 형편에든지
나는 자족하기를 배웠노니 나는 비천에 처할 줄도 알고 풍부에 처할 줄도 알아
모든 일 곧 배부름과 배고픔과 풍부와 궁핍에도 처할 줄 아는 일체의 비결을 배웠노라
내게 능력 주시는 자 안에서 내가 모든 것을 할 수 있느니라
(빌 4:11-13)

사랑합니다

사랑에 대해서는 쓸 말이 너무나 많습니다.
그러나 너무도 크고 무한하기 때문에 망설이다가 쓸 말을 잃었습니다.
감히 사랑에 대해서는 쓸 수가 없습니다.

여러분이 쓰세요. 지금껏 사랑한다고 말하지 못하고 지나온 사람들을
생각하며 쓰세요.

_____ 을(를) 사랑합니다.

_____ 을(를) 사랑합니다.

_____ 을(를) 사랑합니다.

_____ 을(를) 사랑합니다.

_____ 을(를) 사랑합니다.

_____ 을(를) 이제 사랑하렵니다.

_____ 을(를) 진심으로 사랑하렵니다.

내가 내게 있는 모든 것으로 구제하고 또 내 몸을 불사르게 내줄지라도
사랑이 없으면 내게 아무 유익이 없느니라
(고전 13:3)

참 아름답지요

눈이 좋으면 멀리 봅니다.
뚜렷이 봅니다. 그러나 아름다움은 마음의 눈이 밝아야만 보입니다.
작은 들꽃을 봐도 아름다움에 감탄하고 풀잎에 맺힌 이슬방울을 보고
진한 감동을 느껴야 마음의 시력이 정상입니다.

저녁노을을 바라보고도, 뭉게구름을 보고도, 파란 하늘에 빨간 고추잠
자리를 보고도 아름다움을 느끼지 못한다면, 중병에 걸렸다고 생각해
야 합니다.
비오는 날에 노란 우산을 보고도, 검은 나뭇가지에 얹힌 하얀 눈을 보
고도, 하얀 털을 가진 강아지의 까만 눈을 보고도 아름다움을 느끼지
못한다면, 지금 당장 병원으로 달려가야 합니다.
우리 주변에는 아름다운 것들이 많습니다. 아름다움을 발견하는 시력
훈련을 하세요.
그리고 아름다움을 발견하셨으면, 서슴없이 말하세요.

"참 아름답지요?"

> 눈은 몸의 등불이니 그러므로 네 눈이 성하면 온 몸이 밝을 것이요
> 눈이 나쁘면 온 몸이 어두울 것이니 그러므로 네게 있는 빛이 어두우면
> 그 어둠이 얼마나 더하겠느냐
> (마 6:22-23)

말씀 감사합니다

말을 잘하는 사람은 남의 말도 잘 듣는 사람입니다.
많이 말하려 하지 말고 많이 들으려 하세요. 말은 위험하기 때문에 잘해야 본전 찾기가 힘듭니다. 그러나 경청하는 것은 도움이 많이 됩니다.

듣는 훈련을 하세요. 상대방의 말을 듣고 이야기 하세요. 그러면 좋은 대화가 됩니다. 남의 말은 귀담아 듣지 않고, 자기의 말만 하는 사람이 있습니다. 이런 경우에는 진정한 대화라고 할 수가 없습니다. 이것은 연설입니다.

누군가 당신에게 말해줄 때, 잘 듣고 있다는 것을 말하는 사람이 느낄 수가 있도록 하세요.
그리고 이렇게 말하세요.

"말씀 감사합니다."

내 사랑하는 형제들아 너희가 알지니 사람마다 듣기는 속히 하고
말하기는 더디 하며 성내기도 더디 하라
사람이 성내는 것이 하나님의 의를 이루지 못함이라
(약 1:19-20)

저 분 참 좋은 분이에요

남을 말할 때 좋게 말하세요.

내가 좋게 말하면 그 좋은 평가가 내게로 되돌아옵니다. 특히 그분이 없을 때 좋게 말하세요. 말의 응답은 메아리와 같습니다. "아 -" 하고 소리치면 "아, 아, 아 -"로 되돌아오고 "악 -" 하고 소리치면, "악, 악, 악 -"으로 되돌아옵니다.

우리는 서로 얽혀서 삽니다. 혼자서는 살 수 없습니다. 얽힐 때 좋게 얽히세요. 비방과 수군거림의 끈으로 얽히지 마세요.

바울이 회심하고 예루살렘에 올라가서 제자들을 사귀고자 하나 다들 두려워하여 믿지 아니 했습니다. 이때 바나바는 바울을 좋게 소개하여 복음 전도의 큰 길을 열었습니다.

좋게 소개하세요.

"저 분 참 좋은 분이에요."

사울이 예루살렘에 가서 제자들을 사귀고자 하나 다 두려워하여
그가 제자 됨을 믿지 아니하니 바나바가 데리고 사도들에게 가서
그가 길에서 어떻게 주를 보았는지와 주께서 그에게 말씀하신 일과
다메섹에서 그가 어떻게 예수의 이름으로 담대히 말하였는지를 전하니라
(행 9:26-27)

어쩜 이렇게 탐스러울까

하나님을 찬양하는 방법은 여러 가지가 있습니다.
노래로 찬양할 수 있고, 시와 악기로도 찬양할 수 있습니다. 하나님께서 창조하신 자연을 보고 감탄하는 것도 하나님을 찬양하는 것이라고 생각합니다.

단단한 땅을 뚫고 솟아올라오는 새싹의 신비! 죽은 것 같은 나뭇가지에서 움트는 새로운 생명! 가지마다 알알이 달린 빨간 열매들! 겸손히 머리 숙인 벼이삭의 황금물결! 가지가 부러질 듯 주렁주렁 달린 뒤뜰의 감나무! 탐스러운 열매를 보노라면 하나님의 위대함에 감사드리지 않을 수 없습니다.

"어쩜 이렇게 탐스러울까!"
이 말은 창조주 하나님을 찬양하는 또 하나의 표현입니다.

여호와는 크신 하나님이시요 모든 신들보다 크신 왕이시기 때문이로다
땅의 깊은 곳이 그의 손 안에 있으며 산들의 높은 곳도 그의 것이로다
바다도 그의 것이라 그가 만드셨고 육지도 그의 손이 지으셨도다
오라 우리가 굽혀 경배하며 우리를 지으신 여호와 앞에 무릎을 꿇자
(시 95:3-6)

그래도 전 믿을 수 있어요

사람이 어려움을 당할 때는 하나, 둘이 아니라 모든 어려움이 한꺼번에 닥치는 경우가 있습니다.

욥의 시련도 한꺼번에 닥친 시련이었습니다. 재산도, 종도, 자녀들도, 그리고 자신의 건강도 잃어버리고, 가장 가까운 아내마저도 저주하며 떠나갔습니다.

친구들도 정죄하고 자기에게 도움을 받았던 고아와 과부들도 벌 받을 일을 했으니 그렇다고 조롱하며 떠나갔습니다. 벌 받을 일을 했으니 그렇다며, 한 가지도 남김없이 깡그리 잃었습니다.

그러나 그가 잃지 않은 오직 한 가지는 하나님이었습니다.

누군가 정죄를 당하고 모든 사람으로부터 손가락질을 당할 때, 나도 그를 손가락질하고 몰아붙여야 할까요?

"그분은 그럴 분이 아니에요. 그래도 전 그분을 믿을 수 있어요."
그분을 위해 좋은 말을 해주세요.

대답하되 주여 없나이다 예수께서 이르시되
나도 너를 정죄하지 아니하노니
가서 다시는 죄를 범하지 말라 하시니라
(요 8 : 11)

넌 참 좋은 아이야

똑똑한 아이는 많은데 좋은 아이는 드문 것 같습니다.

요즘 초등학생들은 옛날 중학생 이상으로 아는 것도 많고 신체조건도 좋아졌습니다. 어린이는 어린이다워야 하는데 요즘 어린이는 어린이답지 않습니다. 자신이 수용할 수 있는 한계 이상으로 각종 지식과 기술을 집어넣다 보니 어린이다운 순수성은 사라지고 생존경쟁에서 승리하기 위한 하나의 투사로 자라는 것 같습니다. 사회는 이런 어린이에게 상을 주고 부모도 이런 아이에게 투자를 아끼지 않습니다.

어린이다운 순수성을 지닌 어린아이는 뒤로 밀려서 인정받지 못하고, 약삭빠르고 똑똑한 어린이가 쓰임을 받습니다.

똑똑한 아이가 나쁜 것은 아닙니다. 똑똑하기만 한 어린이가 나쁘다는 말입니다. 어떻게 자녀를 기르시렵니까? 똑똑하게만 키우지 마세요. 온통 이기주의의 낙원으로 만드는 결과가 됩니다.

좋은 아이로 키우세요.

살기 좋은 낙원의 주인공들이 될 것입니다.

예수는 지혜와 키가 자라가며
하나님과 사람에게 더욱 사랑스러워 가시더라
(눅 2:52)

생각 날 거예요

오랜 세월이 지나도 생각나는 사람이 있습니다.
생각하면 웃음이 나는 잊혀 지지 않는 얼굴들이 있습니다. 그러나 떠오르면 얼른 지우고 싶은 얼굴도 있습니다.

나는 다른 사람에게 어떤 얼굴로 비쳐질까요? 혹시 지우고 싶은 얼굴로 비춰지지는 않을까요?
어릴 적 개구쟁이들을 떠올리면 절로 웃음이 납니다.
흙장난, 모래 장난, 소 등을 타던 일, 원두막에서의 여름밤….
좋은 추억의 얼굴들입니다.
오늘도 우리는 다른 사람의 얼굴을 보고 또 내 얼굴을 보여주며 삽니다. 훗날 서로 어떤 모습으로 그려질까요. 언젠가 아쉬운 이별의 자리에서 손을 붙잡으며 한 말이 기억납니다.

"생각 날 거예요."
그분은 지금도 좋은 기억으로 생각이 납니다.

다윗이 그에게 이르되 무서워하지 말라
내가 반드시 네 아버지 요나단으로 말미암아 네게 은총을 베풀리라
내가 네 할아버지 사울의 모든 밭을 다 네게 도로 주겠고
또 너는 항상 내 상에서 떡을 먹을지니라 하니
(삼하 9:7)

어쩐지 오실 것
같았어요

사람을 맞이할 때 반갑게 맞이하세요.
자기를 좋아하는 것을 느낄 때 또 오고 싶을 것입니다.
가게에 전에 왔던 손님이 또 오셨나요? 반갑게 맞이하세요.

"어쩐지 오실 것 같았는데 오셨군요."

그 손님은 기분이 좋을 것입니다. 자기를 잊지 않고 생각해 주고 있으니 말입니다. 사람은 자기를 반기는 곳으로 발길이 옮겨집니다. 거리가 멀어도, 몇 개의 가게를 지나서도 자기를 반기는 가게의 문을 열고 들어서게 됩니다.

말 못하는 짐승인 김유신 장군의 말도 언제나 웃으며 반기는 기생의 집으로 주인의 허락도 없이 걸어갔습니다. 김유신 장군의 결심을 파악하지 못한 어쩔 수 없는 잘못으로 애매히 죽임을 당했지만 말 못하는 짐승도 반기는 곳으로 발길이 옮겨지는 교훈을 받을 수가 있습니다. 가게를 키워 백화점이 되는 꿈을 갖고 계신가요?
손님을 진정으로 반갑게 맞이하세요.

이튿날 가이사랴에 들어가니 고넬료가 그의 친척과 가까운 친구들을 모아 기다리더니
마침 베드로가 들어올 때에 고넬료가 맞아 발 앞에 엎드리어 절하니
(행 10:24–25)

사진보다 실물이
더 예쁘시군요

사진기를 발명한 사람은 참 대단한 일을 했다고 생각합니다.
사진은 잊혀 버릴 추억들을 되살려내는 꿈의 기술입니다. 제겐 몇 장
의 흑백사진이 있습니다. 손바닥 절반 크기도 안되는 빛바랜 볼품없는
한 장의 종이지만 꿈같은 추억들이 생생하게 담겨져 있습니다. 그 사
진을 보고 있노라면 아스라한 추억의 날개를 타고 40년 전으로 되돌
아가는 것을 느낍니다.

앞이 터진 무명바지에 중요한 부분을 살짝 가리고, 얼굴과 손발에 때
가 끼어 마치 짐승 비슷한 어린아이가 통나무 의자 위에 달랑 올라앉
아 있습니다. 이것이 저의 3살 때의 모습입니다. 마당 한쪽에서 흙장
난을 하느라 정신없는 아이를 사진기를 가진 옆 마을의 장로님이 오셔
서 씻지도 않고 찍은 사진입니다.
사람은 사진에 얽힌 사연들이 많이 있을 것입니다. 추억을 더 아름답
게 만드는 말이 있습니다.

"사진보다 실물이 더 예쁘시군요."

> 열흘 후에 그들의 얼굴이 더욱 아름답고 살이 더욱 윤택하여
> 왕의 음식을 먹는 다른 소년들보다 더 좋아 보인지라
> (단 1:15)

언제 그렇게
익숙해지셨어요?

누구에게나 재능이 한두 가지는 있습니다.

취미와 특기도 있습니다. 그 사람의 재능이나 취미, 특기를 칭찬해 주면 서로의 만남이 좋아집니다. 운전면허를 얼마 전에 딴 사람이 있나요? 볼링을 좋아하는 친구가 있나요? 컴퓨터를 배우기 시작한 사람이 있나요? 자전거를 타는 친구가 있나요? 꽃꽂이를 배우는 이웃사촌이 있으신가요?

이렇게 말하세요.

"언제 그렇게 익숙해지셨어요?"

이 한마디는 그분에게 무한한 힘이 되어 또 한 사람의 전문가를 만들어 낼 것입니다. 비록 재능이 둔한 편이라 늦은 감이 있더라도 이렇게 말하지 마세요.

"시작한 지가 얼만데 여태 그 수준이냐? 돈이 아깝다."

이 모든 백성 중에서 택한 칠백 명은 다 왼손잡이라
물매로 돌을 던지면 조금도 틀림이 없는 자들이더라
(삿 20:16)

운전 참 잘하시네요

같은 차를 타도 운전하는 사람에 따라 느낌이 다릅니다.
마치 안방에 앉은 듯이 편안한 운전이 있고, 가시방석에 앉은 것처럼
불안해서 자꾸만 발에 힘을 주고 안전벨트를 고쳐 맬 때가 있습니다.
운전기술의 차이라기보다는 성격 나름인 것 같습니다.

인생의 핸들을 잡고 법규를 잘 지키며 편안한 운전을 하는 분이 있습
니다. 그가 가장이면 온 가족이 평안하고 그가 사장이면 전 직원이 복
됩니다. 그러나 인생의 핸들을 마음대로 휘돌리면 언제 사고가 날지
몰라 온 가족이 불안하고 전 직원이 안정을 찾지 못합니다. 인생의 핸
들을 예수님과 함께 잡으세요.
그분께 맡기세요. 천국까지 안전한 드라이브가 될 것입니다.

함께 자동차를 타실 일이 있으신가요? 살짝 미소를 지으며 이렇게 말
하세요.

"운전 참 잘하시네요."

바른 길로 행하는 자는 걸음이 평안하려니와
굽은 길로 행하는 자는 드러나리라
(잠 10:9)

참 좋은 생각이에요

다른 사람의 의견에 동의해 주는 사람은 여유가 있는 분입니다.
자기의 소신이 있고 생각이 깊은 사람은 남의 의견도 존중해 줄 수가
있는 여유가 있습니다.

남의 의견은 제쳐놓고 막무가내로 자신의 의견만 관철하려고 밀어붙
이는 분들이 있습니다. 자기의 생각이 자신의 보기에 옳다면 다른 분
의 의견도 나름대로 이유와 타당성이 있을 것입니다.
진리는 양보하지 마세요. 신앙도 양보하지 마세요. 그러나 그 밖의 이
런 저런 의견들에는 양보하세요. 설악산으로 갈까? 한라산으로 갈까?
다 좋은 산입니다. 어딜 가면 어떻습니까? 이번에 못 간 산은 다음에
가면 되니까요.
한식집으로 갈까? 중국집으로 갈까? 어딜 가면 어떻습니까? 다 음식
인데요. 이번에 못 간 곳은 다음에 가면 되니까요.
사람의 모임엔 의견이 구구합니다. 상대방의 의견에 찬물을 끼얹지 말
고 이렇게 말하세요.

"참 좋은 생각이에요."

마른 떡 한 조각만 있고도 화목하는 것이
제육이 집에 가득하고도 다투는 것보다 나으니라
(잠 17:1)

좋은 시간 가졌습니다

우리의 삶에는 모임이 많습니다.
나 혼자 있는 시간보다는 누군가와 만나고, 모이고, 연결되어 있는 시간이 더 많은 것입니다. 적게는 두 사람, 많게는 수백 명이 한자리에 모이는 경우도 있을 것입니다. 모임을 즐기세요.

환경이나 장소에 관계하지 말고 모임을 즐기세요.
모임을 즐겁게 이끌어 가세요. 그 모임에 찬물을 끼얹는 사람이 되지 말고 모임을 아름답게 하는 꽃이 되세요. 웃음을 잃지 마세요. 만족한 표정을 가지세요. 다소 미흡하더라도 이해하려고 노력하세요.

오늘 모임을 준비하고 계신가요? 모임에 초대를 받으셨나요?
핸드백 속에, 양복 주머니 속에 돈이나 선물보다는 입술에 이것 하나는 꼭 준비해 가세요.

"좋은 시간 가졌습니다."

그러므로 무엇이든지 남에게 대접을 받고자 하는 대로
너희도 남을 대접하라 이것이 율법이요 선지자니라
(마 7:12)

하나님 은혜지요

사람을 두 부류로 나눌 수 있습니다.

한 사람은 "나는 하나님의 은혜로 삽니다." 라고 말하는 사람이고, 또 한 사람은 "내 힘으로 삽니다." 하는 사람입니다. 전자를 우리는 성도라고 부르고, 후자를 불신자라고 부릅니다.

어떻게 보면 후자가 개척정신이 있고 의지가 있는 사람처럼 보입니다. 그러나 그는 근본 뿌리를 보지 못하고 있는 것입니다. 나무에서 꺾여 화병에 꽂힌 꽃이 자신의 앞날을 모르듯이, 하늘을 나는 연이 바람의 은혜를 모르듯이, 안개처럼, 풀잎에 맺힌 아침이슬처럼 조만간에 사라질 자신의 실체를 보지 못한 어두운 시력의 영향입니다. 내가 이 땅에 태어난 것도 하나님의 은혜요, 오늘까지 살아온 것도 하나님의 은혜입니다. 그리고 남은 삶도 하나님의 은혜로 사는 것입니다. 어려움을 주시는 것도 은혜요, 때로 눈물을 주시는 것도 은혜입니다. 날마다 이렇게 말하세요.

"하나님 은혜지요."

들으라 너희 중에 말하기를 오늘이나 내일이나 우리가 어떤 도시에 가서
거기서 일 년을 머물며 장사하여 이익을 보리라 하는 자들아
내일 일을 너희가 알지 못하는도다 너희 생명이 무엇이냐
너희는 잠깐 보이다가 없어지는 안개니라
너희가 도리어 말하기를 주의 뜻이면 우리가 살기도 하고
이것이나 저것을 하리라 할 것이거늘 이제도 너희가 허탄한 자랑을 하니
그러한 자랑은 다 악한 것이라
(약 4:13-16)

덕분에 잘 지냅니다

우리는 서로 얽혀서 살아갑니다.

과일장사는 과일을 팔아 번 돈으로 쌀을 사고, 쌀가게 주인은 쌀을 판 돈으로 옷을 삽니다. 옷가게 주인은 옷을 판 돈으로 택시를 타고, 택시 기사는 손님이 준 돈으로 고기 사서 집에 들어갑니다. 나는 너를 돕고, 너는 그를 돕고, 그는 또 다른 사람을 도우며 사는 것이 사회입니다. 그러니 우리 모두는 덕분에 사는 사람들입니다.

에어컨 장사는 여름에 번 돈으로 겨울에 난로를 사고, 난로 장사는 겨울에 번 돈으로 여름에 에어컨을 삽니다. 우산 장사는 비올 때 판 우산 수입금으로 맑은 날 좋은 모자를 사고, 모자 장사는 맑은 날 판 모자 수입으로 비오는 날 우산을 삽니다. 그러니 우리 모두는 덕분에 사는 사람들입니다.

오고가는 인정 속에 우리 사회는 살맛나는 세상이 됩니다.

"너 때문에 내가 손해 본다."고 원망하지 마세요.

"덕분에 잘 지냅니다." 라고 말하세요.

또 두 사람이 함께 누우면 따뜻하거니와 한 사람이면 어찌 따뜻하랴
한 사람이면 패하겠거니와 두 사람이면 맞설 수 있나니
세 겹 줄은 쉽게 끊어지지 아니하느니라
(전 4:11-12)

주신 선물
잘 쓰고 있습니다

지금 음악을 들으며 이 글을 쓰고 있습니다.

제 앞에는 제작된 지가 30년 가까이 되는 낡은 턴테이블이 돌고 있습니다. 몇 년 전에 선물로 받은 것인데 모양에 신경 쓰지 않고 기능에 초점을 맞추어 제작한 투박하고도 소박한 모습에 마음이 끌려 소중히 쓰고 있습니다. 낡고 뚜껑은 금이 갔어도 왕년의 명기답게 지금도 베토벤을 올려놓으면 베토벤이 귓가에 찾아오고, 모차르트를 올려놓으면 여지없이 모차르트가 찾아옵니다. 조용히 돌고 있는 모습을 바라보노라면, 이 귀중한 것을 선물하신 분의 얼굴이 떠오르고 고마운 마음이 솟아납니다.

우리는 많은 선물을 받았습니다. 부모로부터 사랑을, 친구로부터 우정을, 선생님으로부터 배움을, 이웃으로부터 신뢰를 선물 받고 삽니다. 하나님으로부터 생명을, 햇빛을, 눈과 비를, 신선한 아침 공기를, 찬란한 저녁노을을 선물 받았습니다. 그리고 무엇보다도 귀한 것은 예수 그리스도로부터 구원을 선물로 받았습니다. 주신 선물을 귀하게 여기고 잘 쓰는 것은 참으로 아름다운 일입니다.

여호와여 주께서 하신 일이 어찌 그리 많은지요
주께서 지혜로 그들을 다 지으셨으니
주께서 지으신 것들이 땅에 가득하니이다
(시 104:24)

저 친구 역시 믿을 만해

인간관계는 믿음을 기초로 해서 이루어집니다.

어떤 관계에서나 믿음이 무너질 때 아울러 그 관계도 무너지게 됩니다. 경제적 어려움도 인간관계를 무너뜨리는 결정적 요인은 되지 않습니다. 환경의 어려움이나 어떠한 사고도 마찬가지입니다. 그러나 그 가운데서 믿음이 무너져 내릴 때, 그때에는 아무리 환경이 좋고 여건이 훌륭해도 그 관계는 무너지게 되어 있습니다.

옛날에 도둑 셋이 의형제를 맺고 고락을 같이하기로 맹세했답니다. 어느 날, 부잣집을 털어서 큰돈을 소유하고는 서로 욕심이 생겼습니다. 한 도둑이 술을 사러 마을로 간 사이에 두 도둑이 의논을 했습니다. 저놈을 죽이고 둘이서 나누면 몫이 더 많아질 것 아닌가? 그러나 한 도둑 역시 생각이 있었습니다. 두 놈을 다 죽이면 모두 내 것이 아니겠는가? 그래서 술에 독을 타서 가지고 왔고, 두 도둑은 술을 사오는 도둑을 돌로 때려 죽였습니다. 결국 한 명은 돌에 맞아 죽고, 두 명은 독이 든 술을 먹고 죽고 말았답니다.

서로 믿음이 없고 내 욕심을 내세울 때, 우리 모두는 불행으로 달려갈 것입니다. 누가 뭐라고 비방해도 이렇게 말하세요.

"저 친구 역시 믿을 만해."

그는 사람의 길을 주목하시며 사람의 모든 걸음을 감찰하시나니
(욥 34:21)

CHAPTER. 2
입술에 약이 되는 말

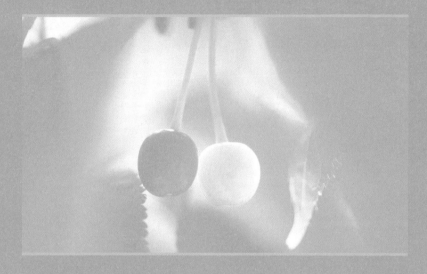

나는 오늘도 사람을 살리고 있다.
의사도 아니고, 구조대원도 아니지만
내 입술을 통해 나간 작은 말들이
절망을 소망으로,
지옥을 천국으로 바꾸고 있다.

제 잘못입니다

이 세상에서 가장 용기 있는 사람이 누구일까요?

복싱 챔피언일까요? 낙하산 없이 뛰어내려 묘기를 펼치는 고공낙하 요원들일까요? 밧줄 하나에 생명을 걸고 암벽을 아슬아슬하게 기어오르는 등반가일까요? 발목에 매달린 생명줄을 의지한 채 높은 다리에서 뛰어내리는 번지점퍼일까요? 아니면 생명을 아끼지 않고 온갖 위험스런 촬영에 나서는 스턴트맨일까요?

이 모두가 용기 있는 사람임에는 틀림없습니다. 그러나 가장 용기 있는 사람이 있습니다. 바로 "제 잘못입니다." 라고 솔직히 고백하는 사람입니다. 변명하지 않고, 자기의 명예에 손상을 느끼면서도 자신의 잘못을 고백하는 사람입니다.

다윗이 골리앗을 넘어뜨릴 때의 용기보다 나단 선지자의 지적을 받고, 곧 잘못을 시인하고 엎드려 회개하는 자세가 더 용기 있는 자세입니다. 이제 이렇게 말하세요.

"제 잘못입니다."

다윗이 나단에게 이르되 내가 여호와께 죄를 범하였노라 하매
나단이 다윗에게 말하되 여호와께서도 당신의 죄를 사하셨나니
당신이 죽지 아니하려니와
(삼하 12:13)

제가 하겠습니다

모두가 망설이고 주저할 때, "제가 하겠습니다." 하고 나서세요.
그것이 위기를 극복하는 비결이 됩니다. 항상 좋아하는 일만 할 수는
없습니다. 때로는 싫은 일도 해야 할 때가 있습니다.

이럴 때 적극적으로 나서세요. 어차피 해야 할 일인데 즐거운 마음으
로 시작하면 쉽게 할 수 있습니다.
골리앗 앞에서 숨을 죽이고 누구 한 사람 나서지 않을 때, 다윗은 믿음
으로 나가서 승리했습니다. 범죄한 이스라엘을 향하여 이사야는 "내가
여기 있나이다. 나를 보내소서." 라고 했습니다. 다윗의 세 용사는 다
윗이 베들레헴의 우물물을 사모할 때, 적진을 돌파하고 우물물을 길어
와 최고의 용사로 기록되었습니다.

침체되어 있는 분위기, 발전의 소망이 보이지 않는 어두운 상황에서
분연히 일어나세요. 그리고 이렇게 말하세요.

"제가 하겠습니다."

내가 또 주의 목소리를 들으니 주께서 이르시되
내가 누구를 보내며 누가 우리를 위하여 갈꼬 하시니
그때에 내가 이르되 내가 여기 있나이다 나를 보내소서 하였더니
(사 6:8)

최선을 다하겠습니다

최선을 다하는 모습은 아름답습니다.

초등학교 축구라도 최선을 다해 싸우면 멋진 경기가 됩니다. 그러나 프로축구라 해도 맥 빠진 경기는 관중까지 맥 빠지게 만듭니다.

농부의 이마에 맺힌 땀방울은 아름답습니다. 기능공의 손에 묻은 기름 때는 아름답습니다. 학생의 손에 잡힌 몽당연필은 아름답습니다. 주부의 몸에 둘려진 앞치마는 아름답습니다. 무슨 일을 하든지 최선을 다하세요.

운동회 때 100m 달리기가 있었습니다. 키도 작고 다리를 다쳐 잘 뛰지 못하는 아이가 꼴찌로 들어왔습니다. 이를 악물고 온 힘을 다해 뛰는 모습은 정말 아름다웠습니다. 비록 꼴찌로 들어왔으나 가장 많은 박수와 격려를 받았습니다. 장애인 올림픽은 그야말로 감동적인 장면의 연속입니다.

인간승리요, 불굴의 의지를 보여주는 드라마들입니다.

최선을 다하는 분들에게 아낌없는 박수를 보내세요.

그리고 당신도 이렇게 말하세요.

"최선을 다하겠습니다."

또 마음을 다하고 지혜를 다하고 힘을 다하여 하나님을 사랑하는 것과
또 이웃을 자기 자신과 같이 사랑하는 것이
전체로 드리는 모든 번제물과 기타 제물보다 나으니이다
(막 12:33)

잊지 않겠습니다

사람은 잘 잊어버립니다.

어떤 것은 잊는 것이 오히려 좋습니다. 문제는 잊어야 할 것은 잊지 못하고, 잊지 말아야 할 것은 쉽게 잊고 사는 것이 우리의 현실이 아닌가 합니다.

누군가 내게 속상한 말을 한 것은 잊지 못해 밤새 되새김하고, 싫은 소리 한 번 들은 것을 잊지 못해 두고두고 접어두었다가 공격할 기회를 기다려 꺼내 놓는 경우가 있습니다. 단단한 금고를 마음에 마련해 놓고 안 좋은 일들을 차곡차곡 쌓아두었다가 하나하나 꺼내 쓰는 경우가 있습니다. 겨울 김장을 큰 독에 담아 땅속에 묻어 두었다가 손님이 올 때마다 꺼내 먹듯이 잊지 않는 사람이 있습니다. 이제 나쁜 것은 잊으세요. 누군가 내 말을 한 것도 잊으세요. 이제는 잊지 말아야 할 것들을 잊지 않도록 신경 쓰세요.

부모님의 은혜, 선생님의 은혜, 친구의 도움, 선배의 가르침, 무엇보다 하나님의 은혜를 잊지 마세요.

누군가 당신에게 은혜를 베푸셨나요? 이렇게 말씀 드리세요.

"잊지 않겠습니다."

네 마음이 교만하여 네 하나님 여호와를 잊어버릴까 염려하노라
여호와는 너를 애굽 땅 종 되었던 집에서 이끌어 내시고
(신 8:14)

그렇게 하겠습니다

순종이 말은 쉬운데 쉽게 되지 않습니다.

자신은 밑의 사람에게 순종을 요구하지만 막상 순종하기란 쉽지 않습니다. 자기 나름대로의 논리가 있기 때문입니다. 성경 전체를 통틀어서 하나님께서 우리에게 요구하신 가장 큰 것이 순종이라고 생각합니다. 성경의 모든 인물들이 순종의 사람이냐 불순종의 사람이냐에 따라 쓰임을 받거나 버림을 받는 차이를 가져왔습니다.

순종하는 것이 천천의 숫양으로 제사 드리는 것보다 하나님께서는 더 좋게 여기신다고 하셨습니다.

야구 경기를 보면 감독이 타자에게 희생번트를 지시할 때가 있습니다. 선수 입장으로 볼 때, 컨디션도 좋고 안타를 날릴만한 자신도 있는데 감독은 번트를 요구합니다. 멋진 안타를 날려서 점수를 내고 그날의 영웅이 되고 싶은데 감독은 희생번트를 지시합니다. 그럴 때 훌륭한 선수는 묵묵히 희생번트를 내어 자신은 죽고 주자를 1루 더 진루시킵니다. 만일 지시를 어기고 홈런을 쳤다고 해도 그 선수는 훌륭한 선수라고 할 수 없습니다.

내 입장에 맞지 않더라도 순종하세요.

"네, 그렇게 하겠습니다."

사무엘이 이르되 여호와께서 번제와 다른 제사를
그의 목소리를 청종하는 것을 좋아하심 같이 좋아하시겠나이까
순종이 제사보다 낫고 듣는 것이 숫양의 기름보다 나으니
(삼상 15:22)

그 생각이
더 옳은 것 같습니다

누구나 자기 것에 애착이 더 있습니다.

자기 자식이 더 예뻐 보이고 자기 생각이 가장 좋다는 생각을 합니다.
그래서 방어벽을 높이 쌓고 보호하려고 듭니다.

고슴도치도 제 새끼는 예뻐서 "어찌 이리도 털이 부드러울까?" 한답니
다. 자기 것을 아끼는 마음은 좋습니다. 그러나 무조건적으로 내 것이
니까, 우리나라 것이니까 좋다는 생각은 버려야 합니다. 전통문화라는
이름아래 무속적이고 미신적인 행위를 마냥 좋다고 해서는 안됩니다.
하나님 말씀에 비추어 보고 옳지 않으면 우리 것이라도 과감하게 버려
야 합니다.

내 의견이 타당성이 있더라도 남의 의견에 귀 기울일 필요가 있습니
다. 그 사람도 나름대로 생각하고 계획해서 내놓은 의견이기 때문입니
다. 내 의견보다 더 옳다면 과감하게 찬성해 주는 것이 성숙한 그리스
도인의 태도입니다.

속으로는 내 생각보다 옳다고 인정하면서도 체면이나 자존심 때문에
모른 척 하지 마시고 당당하게 말하세요.

"그 생각이 더 옳은 것 같습니다."

그러므로 무엇이든지 남에게 대접을 받고자 하는 대로
너희도 남을 대접하라 이것이 율법이요 선지자니라
(마 7:12)

기도 하겠습니다

누구에게나 무기가 있습니다.

벌은 침이 무기입니다. 메뚜기는 강력한 뒷다리가 무기입니다. 개미는 부지런함이 무기이고, 매미는 노래실력이 무기입니다. 사자는 발톱과 이빨이 무기이며, 독수리는 강력한 날개와 하늘 높이 떠서도 작은 쥐 한 마리까지 밝히 볼 수 있는 시력이 무기입니다.

사람도 누구나 나름대로 무기를 갖고 있습니다.

어떤 사람은 지식을, 어떤 사람은 재산을, 어떤 사람은 건강을, 권력을, 배경을, 출신 학교를, 기술을, 부모의 권세를, 자식의 출세를…. 그래서 그런 것들을 무기로 삼아 의지하며 살아갑니다. 그러나 그런 무기들은 오래가지 않습니다. 곧 녹슬고, 부서지고, 꺾어지고 맙니다. 한때의 부귀, 한순간의 명예, 잠시의 권력 앞에서 사람은 애처롭게 매달리고 있습니다. 그러나 성도에게는 강력한 무기가 있습니다. 영원히 녹슬지 않고, 부서지지 않는 무기가 있습니다. 바로 기도입니다. 기도는 사람이 갖고 있는 그 어떤 것보다 강력합니다. 기도할 수 있는데 왜 염려하십니까? 문제가 있으신가요? 이렇게 말하세요.

"기도 하겠습니다."

너는 내게 부르짖으라 내가 네게 응답하겠고
네가 알지 못하는 크고 은밀한 일을 네게 보이리라
(렘 33:3)

끝까지
해보겠습니다

승리의 면류관은 끝까지 남는 자에게 주어집니다.
시작이 아무리 좋고 중간이 대단해도 끝이 좋지 않으면 아무런 소용이
없습니다. 설계도 좋고 기초공사가 아무리 잘 되어도 완공하지 못하면
가치가 없습니다.

1994년 미국 월드컵 때, 한국 축구가 보여준 투혼은 대단했습니다. 우
승 후보 독일에게 선취 골을 먹고도 후반에 몰아붙여 무승부를 이룬
장면은 세계 축구계를 놀라게 했습니다. 세계 언론은 한국의 승리요,
독일의 참패라는 보도를 했습니다. 승부는 가리지 못했으나 이미 모든
사람은 승자와 패자를 구분하고 있었습니다. 누가 끝까지 최선을 다했
는가로 판정을 내리고 있는 것입니다.
비록 패했다고 하더라도 끝까지 최선을 다한 사람은 승자가 누리는 찬
사를 받습니다. 그러나 부끄러운 승리는 떳떳한 패배보다 못합니다.
용두사미가 되지 마세요. 시작은 미약하였으나 나중은 심히 창대한 것
이 좋습니다.

"최후에 웃는 자가 진정한 승리자"입니다.

너희가 이같이 어리석으냐 성령으로 시작하였다가 이제는 육체로 마치겠느냐
(갈 3:3)

저분은 가슴이
따뜻한 분이에요

어느 광고에서 "가슴이 따뜻한 사람과 만나고 싶다." 라는 문구가 인상적이었습니다.

사람은 머리는 차고 가슴은 뜨거워야 한다고 합니다. 머리로는 냉철하게 분석하고 판단해서 선악을 구별하고, 가슴으로는 관용하고 이해하는 마음으로 따뜻해야 한다는 것입니다. 때로는 사랑으로 뜨겁게 달아올라야 한다는 것입니다. 반대로 머리만 뜨거우면 안됩니다. 잘못 생각을 하게 됩니다. 일반 상식이 허용하는 범위 밖의 생각을 하게 되는 것입니다. 가슴만 차가워도 안됩니다. 이기주의, 배타주의의 세상이 되고 맙니다.

지금 머리를 만져 보세요. 가슴에 손을 대 보세요. 조용히 나를 진찰해 보세요. 병원에 가지 않아도 이 병은 스스로 어느 정도 진단할 수 있습니다. 평소에 내가 하는 행동을 기준으로 진단할 수 있습니다.

혹 이상이 발견되시나요? 요양에 들어가세요. 우선 자신의 말부터 바꾸면서 시작하세요. 맵고 짠 음식은 피하듯이, 맵고 짠 말도 피하고 부드럽고 따뜻한 말을 하세요.

여호와여 주는 나의 찬송이시오니 나를 고치소서
그리하시면 내가 낫겠나이다
나를 구원하소서 그리하시면 내가 구원을 얻으리이다
(렘 17:14)

저분 참 대단한 분이에요

이른바 통이 큰 사람들이 있습니다.

통이 크다는 것은 사소한 일은 무시하고 큰일만 한다는 것은 아닙니다. 10원짜리는 돈으로 안 보고 수표만 돈으로 보는 사람들을 일컬음이 아닙니다. 소형차는 창피해서 못타고, 외제 고급 승용차를 타야 내 수준에 맞다고 생각하는 사람들을 일컬음도 아닙니다.

통이 크다는 것은 이런저런 모든 환경과 일에 모두 잘 적응하는 분을 말함입니다. 적은 일에도 최선을 다하고, 큰일에도 자만하거나 교만하지 않는 분을 일컬음입니다. 대범한 사람은 마음이 넓은 사람입니다. 깨진 유리처럼 날카로운 말이 들어와도, 다듬지 않은 돌처럼 상처 주는 말이 들어와도 같이 맞닥뜨리지 않고 스펀지처럼 충격을 흡수해서 서로 다치지 않고 두터운 장갑으로 감싸 안는 사람입니다.

유리와 유리가 부딪히면 깨어집니다. 돌과 돌이 부딪히면 부서집니다.
날카로운 말에도 부드럽게 쿠션을 펴세요.
대범한 마음이 되도록 애쓰세요.

사람아 주께서 선한 것이 무엇임을 네게 보이셨나니
여호와께서 네게 구하시는 것은 오직 정의를 행하며 인자를 사랑하며
겸손하게 네 하나님과 함께 행하는 것이 아니냐
(미 6:8)

큰 그릇이란 저분 같은 분을
두고 하는 말일 거예요

사람을 비유할 때 여러 가지로 표현합니다.

나무로 표현해서 "큰 재목이다." 라고 하기도 하고, 기둥으로 표현해서 "큰 기둥이다." 라고 하기도 합니다. 그러나 가장 많이 쓰는 표현은 역시 '그릇'으로 표현합니다. 사람 속에는 수많은 것들이 담겨 있기 때문에 아마 그릇으로 표현하는 것 같습니다.

그릇 시장에 가면 눈이 휘둥그레집니다. 어쩌면 그렇게 다양한 그릇들이 있을까요. 크기나 모양, 색깔들이 워낙 다양해서 눈이 모자랍니다.

사람도 역시 다양하겠지요? 키도 다르고, 생김새도 다르고, 성격도 모두 다릅니다. 하나님께서도 내려다보시면 눈이 휘둥그레지실 것 같습니다.

"내가 언제 저렇게 많이 만들었을까?" 그리고 "참 기기묘묘한 작품들도 많구나." 라고 하실 것 같습니다.

큰 그릇이 되세요. 아울러 깨끗한 그릇이 되세요. 그리고 같은 그릇끼리 부딪히지 말고 좋게 말하세요.

> 큰 집에는 금 그릇과 은그릇뿐 아니라 나무 그릇과 질그릇도 있어 귀하게 쓰는 것도 있고
> 천하게 쓰는 것도 있나니 그러므로 누구든지 이런 것에서 자기를 깨끗하게 하면
> 귀히 쓰는 그릇이 되어 거룩하고 주인의 쓰심에 합당하며 모든 선한 일에 준비함이 되리라
> (딤후 2:20~21)

제가 양보하겠습니다

양보도 미덕 중의 하나입니다.
양보해주는 사람을 보면 존경스럽습니다. 다시 한 번 보게 됩니다.

양보는 여유 있는 사람이 할 수 있습니다. 시간의 여유가 아니라 마음의 여유요 인격의 여유입니다. 사람들이 양보를 잘 하려하지 않는 것은 양보하면 손해 본다고 생각하기 때문인 것 같습니다. 다른 차에게 양보하면 시간의 손해, 물건 고르는 것을 양보하면 고르고 남은 질 낮은 것을 사게 되는 손해, 버스 승차를 양보하면 서서 가게 되는 손해 등 이런저런 자신에게 돌아올 불이익을 생각하는 것 같습니다. 그러나 실상은 그렇지 않습니다. 다른 차에게 양보하면 같이 빨리 가게 되고, 물건 고르는 것을 양보하면 더 좋은 새로 나온 것을 살 경우가 많습니다. 그리고 때로는 다소의 손해가 있다고 해도 양보는 아름다운 것임에 틀림없습니다.
하나님께서는 양보하는 사람에게 축복을 양보하시지 않습니다.
한 되를 양보하면 한 말의 이익을 주십니다.
이제 이렇게 말하세요.

"제가 양보하겠습니다."

네 앞에 온 땅이 있지 아니하냐 나를 떠나가라
네가 좌하면 나는 우하고 네가 우하면 나는 좌하리라
(창 13:9)

저는 젊은데요

젊음!! 참으로 아름다운 것입니다.

초여름과도 같이 만물이 생동하는 축복의 계절입니다. 달려가도 피곤하지 않고 무한한 꿈과 내일을 바라보는 귀중한 시기입니다. 아무리 딱딱한 음식이라도 소화할 수 있는 튼튼한 치아와 위장이 있고, 멀리 바라보아도 잘 보이는 선명한 시력이 있습니다. 분명 젊음은 귀하고 아름다운 것입니다.

그러나 젊음은 머물러 주지 않습니다. 빠르게 지나갑니다. 그리고 짧습니다. 일생의 한 토막에 지나지 않습니다. 그렇기 때문에 소중히 여겨야 합니다. 값지게 살아야 합니다. 젊음의 짧은 시간을 어떻게 살았느냐에 따라 나머지 인생이 결정됩니다.

"노세 노세 젊어서 놀아 늙어지면 못노나니"
이런 삶을 사시겠습니까?
가장 어리석은 삶입니다. 한순간의 쾌락을 찾아 날아드는 불나방처럼 어리석은 삶입니다.
지금, 젊음이 있을 때, 일하세요. 공부하세요. 연구하세요. 준비하세요. 젊음의 다리를 잘 건너면 낙원에 이르고, 잘못 건너면 고뇌의 늪에 이릅니다.

너는 청년의 때에 너의 창조주를 기억하라 곧 곤고한 날이 이르기 전에,
나는 아무 낙이 없다고 할 해들이 가깝기 전에
(전 12:1)

고생이라니 뭘요
더 어려운 분들도 많은데요

"눈물 섞인 빵을 먹어보지 못한 사람과는 인생을 논하지 말라." 라는 말이 있습니다.

고된 훈련을 거치지 않은 군인은 군인이 아닙니다. 시련을 통과하지 않은 기업가는 기업인이 아닙니다. 고난을 통과하지 않은 지도자는 지도자가 아닙니다.

어렸을 적 닷새 만에 한 번씩 열리는 장에 아버지를 따라 곧잘 갔습니다. 시장에 가시면 아버지께서 꼭 들리시는 곳이 있습니다. 바로 대장간입니다. 시뻘건 불에 낫이나 도끼를 집어넣고 달군 후에 사정없이 망치로 두들긴 다음 찬물에 집어넣습니다. 그리고 또 불 속에 집어넣어 빨갛게 달군 다음 또다시 두드리고 찬물에 담급니다. 이러기를 수차례 반복합니다. 신기한 것은 그 단단한 쇠를 달군 다음에 두드리면 엿가락처럼 모양이 변하는 것입니다. 그리고 두드리면 두드릴수록 단단한 쇠가 되어 연장으로서 구실을 한다는 것입니다.

지금, 당하는 고난을 괴로워하지 마세요. 영광은 반드시 고난 후에 오는 지각생입니다.

그러나 내가 가는 길을 그가 아시나니
그가 나를 단련하신 후에는 내가 순금 같이 되어 나오리라
(욥 23:10)

좋은 날이 오겠지요

기회는 기다리는 사람에게 찾아온다고 했습니다.
좋은 날도 기다리는 사람에게 찾아오는 손님입니다. 오늘이 어려워도 내일을 바라보며 기다리는 사람에게 좋은 날은 꼭 찾아옵니다. 흐르는 눈물을 닦아내면서도 내일을 믿음으로 바라보는 사람을 좋은 날은 그냥 지나치지 않습니다. 좋은 날은 기다리는 사람에게 약합니다. 쇠붙이가 자석에게 약하듯이 좋은 날은 기다리는 사람을 찾아옵니다.

노아는 방주를 120년 동안이나 지으며 기다렸습니다. 아브라함도 약속하신 아들 이삭을 25년을 기다렸습니다. 야곱도 20년을, 요셉도 팔려간 후 이집트의 총리가 되기까지 13년을 한결같이 기다렸습니다. 모세도, 다윗도, 세례 요한도 기다린 사람들입니다. 약속이 조금 더디다고 실망하지 마세요. 꼭 좋은 날은 오고야 맙니다. 겨울이 가고 새봄이 오면 무거운 땅을 뚫고 새싹이 솟아오르듯 아마 좋은 날도 지금쯤 기지개를 켜고 있을지도 모릅니다.
기다리세요. 이런 마음으로 기다리세요.

"좋은 날이 오겠지요."

> 그러므로 형제들아 주께서 강림하시기까지 길이 참으라
> 보라 농부가 땅에서 나는 귀한 열매를 바라고
> 길이 참아 이른 비와 늦은 비를 기다리나니
> 너희도 길이 참고 마음을 굳건하게 하라 주의 강림이 가까우니라
> (약 5:7-8)

아무래도 형이
저보단 낫지요

서로 높여주면 모두 높아집니다.
서로 헐뜯고 깎아내리면 모두 낮아집니다. 남을 높이면 상대적으로
나는 낮아질 것 같은데 그렇지 않습니다.

저울은 한쪽이 올라가면 한쪽이 내려오는데 칭찬은 저울과 다릅니다.
시소도 한쪽이 올라가면 반대쪽이 내려오는데 칭찬은 시소와도 다릅
니다. 올려주면 같이 올라가고, 깎아내리면 따라서 내려옵니다.
칭찬하세요. 나보다 남을 낮게 여기세요. 특히 나와 라이벌 관계의 사
람을 높여주세요. 참으로 어려운 일입니다. 그러나 어렵더라도 그렇게
해 보세요.

요나단은 왕자였습니다. 사울을 이어 왕위에 오를 자리에 있었습니다.
다윗은 목동이었습니다. 왕이 되는 것과는 거리가 먼 자리에 있었습니
다. 그러나 왕자 요나단은 목동 다윗을 더 높여 주었습니다.
높여 주세요. 좋게 말해 주세요.

곧 요나단이 그에게 이르기를 두려워하지 말라
내 아버지 사울의 손이 네게 미치지 못할 것이요
너는 이스라엘 왕이 되고 나는 네 다음이 될 것을 내 아버지 사울도 안다 하니라
(삼상 23:17)

내가 물려줄 가장
큰 유산은 신앙이란다

부모는 자식에게 주고 싶어 합니다.
자식에게 주기를 아까워하는 부모는 없을 것입니다. 자기는 먹지 못해
도 자식은 먹이고, 자기는 추위에 떨더라도 자식은 입히는 것이 부모
의 사랑입니다.

6·25전쟁 때의 일이라고 합니다. 아이를 업고 피난길에 나선 어머니
가 추위와 굶주림에 기진맥진했습니다. 그렇지만 어떻게 하던지 등에
업힌 자식은 먹였습니다. 밥 한 숟갈을 겨우 얻어먹으려 하면 등에 업
힌 아이가 '엄마' 라고 부릅니다. 그러면 그 밥은 아이의 입으로 들어갑
니다. 천신만고 끝에 감자라도 하나 얻으면 또 등 뒤에서 '엄마' 라고
부릅니다. 그러면 또 그 감자는 자식의 배를 채웁니다. 이렇게 며칠을
내려오다 안타깝게도 모자는 죽음을 맞이했습니다. 기가 막히게도 엄
마는 굶주려 죽고, 자식은 너무 먹어 탈이 나서 죽었습니다.

어머니의 무모한 사랑일까요? 무엇이 최고의 유산일까요? 재산일까
요? 명예일까요? 학벌일까요? 신앙이 최고입니다. 확실한 신앙만 물
려줄 수 있다면 모든 것을 물려준 것입니다.

내게 이르시기를 네 아들 솔로몬 그가 내 성전을 건축하고 내 여러 뜰을 만들리니
이는 내가 그를 택하여 내 아들로 삼고 나는 그의 아버지가 될 것임이라
(대상 28:6)

당신의 도움이 없었다면
성공하지 못했을 거예요

아무 도움 없이 세상을 사는 사람은 없습니다.

축구는 11명이 서로 도우며 경기를 하고, 배구는 6명이, 농구는 5명이 서로 팀워크를 이루며 값진 승리를 일구어 냅니다. 혼자 하는 권투도 혼자만의 승리는 아닙니다. 코치가 있고 트레이너가 있고 매니저가 있습니다. 에베레스트 정상에 홀로 우뚝 선 승리자 뒤에는 수많은 희생의 손길이 있습니다.

경기에는 어시스트라는 말이 있습니다. 직접 슛을 성공시키지는 못했지만 동료가 슛을 성공시키도록 결정적인 도움을 주는 것을 말합니다. 화려한 찬사는 받지 못하지만 어시스트를 잘 하는 선수야말로 그 팀 중에 가장 귀한 보배인 것입니다.

어시스트가 되세요. 그리고 내 성공 뒤에 알게 모르게 희생이 되어주신 분들을 기억하세요. 부모님, 선생님, 친구들, 가족들… 눈을 감고 생각하면 너무나도 많습니다.

그분들에게 이렇게 말하세요.

"당신의 도움이 있기에 제가 있습니다."

두 사람이 한 사람보다 나음은 그들이 수고함으로 좋은 상을 얻을 것임이라
혹시 그들이 넘어지면 하나가 그 동무를 붙들어 일으키려니와
홀로 있어 넘어지고 붙들어 일으킬 자가 없는 자에게는 화가 있으리라
(전 4:9-10)

그래 네 말이 맞아

남을 인정해 주기가 쉽지 않습니다.
더욱이 경쟁관계에 있어서는 더욱 어렵습니다. 떡은 남의 것이 더 커 보이고 말은 내 말이 더욱 옳은 것 같은 것이 우리네 사람들의 속성인 가 봅니다.

싸움은 대개가 내 말이 옳다고 우기는 데에서 시작됩니다. 아이들 싸움이나 어른 싸움이나 따지고 보면 다를 것이 없습니다. 네 살배기와 다섯 살배기 형제의 싸움이나 그들을 낳고 기르는 대학을 졸업한 부모 의 싸움이나, 이 세상의 모진 풍파를 이기고 수많은 경험을 하신 할아 버지 할머니의 싸움도 막상 풀어놓고 보면 간단합니다. 모두가 자기가 옳다는 것에서 생긴 일들입니다.

싸움을 멈추는 비결, 불행을 행복으로 바꾸는 비결, 불화를 화목으로 바꾸는 비결, 전쟁을 평화로 바꾸는 비결은 바로 "그래 네 말이 맞아." 라는 작은 한마디입니다.

마른 떡 한 조각만 있고도 화목하는 것이
제육이 집에 가득하고도 다투는 것보다 나으니라
(잠 17:1)

와, 대단하군요!

잘 하는 것을 보면 갈채를 보내세요.

좋은 것을 보면 좋다고 하세요. 그러면 잘 하는 사람의 기쁨을 나도 누리게 되고, 좋은 것의 주인이 나도 됩니다. 칭찬에 인색하면 마음이 건조해 집니다. 좋은 것을 보고도 좋아하지 않으면 심령이 죽습니다.

새벽길에 떠오르는 태양을 보셨나요? 퇴근길에 아름다운 노을을 보셨나요? 검은 아스팔트 위에 떨어진 노란 은행잎을 보셨나요? 흔히 보는 장면이더라도 꼭 한마디 하세요.

"참 아름답군!"
높은 산을 오르셨나요? 마음껏 소리치세요. 하나님의 솜씨를요.
좋은 연주를 들으셨나요? 마음껏 박수치세요. 좋은 음식을 대접 받았나요? 정성껏 감사하세요. 고층 빌딩과 기계문명 속에 갇혀버려서 참 사람의 존재를 잊기 쉬운 우리들을 기계가 아닌 사람으로 되돌려 주는 것이 바로 풍부한 감정의 유지입니다.

내가 평생토록 여호와께 노래하며
내가 살아 있는 동안 내 하나님을 찬양하리로다
(시 104:33)

잘 결정하셨어요

무거운 짐을 싣고 언덕을 오르는 분의 뒤를 밀어보세요.
비록 어린아이가 밀더라도 얼마나 큰 힘이 되는지 모릅니다.
어려운 결정을 하고 어떻게 감당할지를 몰라서 염려하는 사람에게
격려하세요.
"잘 결정하셨어요."
"잘 하실 수 있을 거예요."

우리는 좋은 결정을 하고서도 힘겨워서 주저앉을 때가 많습니다.
내일부터 일기를 써야지.
내일부터 성경을 읽어야지.
내일부터 새벽기도를 나가야지.
내일부터 담배를 끊어야지.
내일부터 좋은 말 한마디씩 해야지.

잘 결정하셨습니다.
잘 하시리라 믿습니다.

온순한 혀는 곧 생명나무이지만
패역한 혀는 마음을 상하게 하느니라
(잠 15:4)

역시 생각이 깊으시군요

샘이 깊으면 물맛이 좋습니다.
산이 깊으면 신비함이 또한 깊습니다. 생각이 깊으면 결과가 또한 좋습니다.

생각이 깊은 사람들이 있습니다. 그래서 큰일도 실수 없이 해냅니다.
생각이 깊은 사람들이 많아야 살기 좋은 사회가 됩니다. 성수대교가 무너지고 삼풍백화점이 내려앉은 원인도 깊은 생각 없이 대충대충한 결과의 산물이라고 생각합니다.
요즘의 문화는 생각할 것이 없는 얕은 문화인 것이 아쉽습니다. 청소년들이 즐겨듣는 단순한 리듬만이 반복되는 얕은 음악, 폭력과 흥미 위주로 생각 없이 보는 영화들, 좋아하는 특정 선수의 동작에만 환호하는 스포츠들이 얕은 문화의 실례입니다.
생각하게 하고, 인내하게 하고, 계획하게 하는 예술은 낡은 유물로 간주되고 마는 현실이 안타깝습니다.

깊이 생각해보는 시간을 가지세요. 오래된 산삼이 좋듯이 깊이 있는 인생이 참 인생입니다.

내가 보고 생각이 깊었고 내가 보고 훈계를 받았노라
(잠 24:32)

모든 것이
하나님의 은혜입니다

어느 목사님이 꿈에 천국엘 갔습니다. 하나님께서 목사님이 이 땅에서
행한 일들을 기록한 책을 보여 주셨답니다.

목사님은 자신이 생각하기를 셀 수가 없을 정도로 많은 일을 했다고
자부했습니다. 어려운 사람들을 돕고, 가난한 자의 친구가 되어주고,
몸으로, 물질로, 많은 자선사업을 했다고 자부하고 있었습니다. 그래
서 아마도 자기의 업적이 몇 페이지에 빽빽이 기록되어 있으리라고 기
대하며 책을 들여다보았습니다.

그런데 막상 책을 펴보니 단 3가지밖에는 기록이 없었습니다. 의아한
목사님이 하나님께 여쭈었습니다.

"하나님, 제 기록이 많이 누락된 것 같은데 다른 책에 기록하셨습니까?"
하나님께서 말씀하셨습니다.

"네가 세상에서 사람들 앞에 내보이고 박수 받은 것은 내게는 가치가
없어 모두 빼고, 네가 사람들 앞에 감추고 박수 받지 않은 것만 이 책
에 기록하였느니라."

사람에게 보이려고 그들 앞에서 너희 의를 행하지 않도록 주의하라
그리하지 아니하면 하늘에 계신 너희 아버지께 상을 받지 못하느니라
(마 6:1)

글씨가 예쁘군요

작은 것이 아름답습니다.
작은 꽃일수록 자세히 들여다보면 섬세하고 오묘한 아름다움이 감추어져 있습니다.

야생화를 촬영하느라 몇 년을 전국의 산야를 헤매이다 보면 아주 작은 꽃들을 발견합니다. 얼마나 작을까요? 와이셔츠의 단추보다도 작고, 때로는 예전의 버스 토큰 구멍만한 꽃도 있습니다. 마이크로 렌즈에 확대 링을 끼우고 돋보기 필터를 두 개 겹쳐야 카메라 파인더에 들어오는 작은 꽃입니다.
그러나 그 오묘하고 섬세한 아름다움은 비길 수 없습니다. 지친 몸의 피로가 사라집니다. 하나님께서는 작은 것일수록 적당히 내버려두시지 않고 정성을 쏟으시는 것 같습니다.

"글씨가 예쁘군요."
작은 발견이요 작은 정성입니다.
그러나 그 속에 감추어진 힘은 큽니다.
컴퓨터가 글을 대신 쓰는 시대일수록 예쁜 글을 많이 쓰세요.

그 주인이 이르되 잘하였도다 착하고 충성된 종아 네가 적은 일에 충성하였으매
내가 많은 것을 네게 맡기리니 네 주인의 즐거움에 참여할지어다 하고
(마 25:23)

제가 부족해서
그렇습니다

부족함을 아는 사람이 넉넉한 사람입니다.
자기는 할 수가 있는 것이 별로 없다고 생각하는 사람이 많은 일들을
합니다.

자신을 죄인으로 아는 사람이 의인이 될 수가 있고, 섬길 수 있는 사람
이 지도자도 될 수 있습니다.
재물이 많다고 해서 많이 구제하는 것도 아니고, 많이 배웠다고 해서
잘 가르치는 것도 아닙니다.
자신의 부족함을 아는 사람이 많이 구제하고 잘 가르치게 됩니다.
내 힘으로 얻는 것이 무엇일까요?
생명을 내가 얻었나요? 건강을 내가 얻었나요?
대한민국이라는 좋은 나라에 태어나 자유를 누리며 복되게 사는 것을
내가 이룩했나요?
죄인이 구원받아 천국 백성이 되는 것이 나의 공로인가요?

하나님의 인사 정책은 부족한 사람을 쓰시는 것입니다.

모세가 여호와께 아뢰되 오 주여 나는 본래 말을 잘 하지 못하는 자니이다
주께서 주의 종에게 명령하신 후에도 역시 그러하니 나는 입이 뻣뻣하고 혀가 둔한 자니이다
(출 4:10)

미처 깨닫지 못했습니다

몰라서 잘못할 경우가 있습니다.
그 잘못은 부끄러울 것도 없고 변명할 것도 없습니다. 그렇지만 우리는 이럴 때, 자신을 솔직하게 표현하기를 주저합니다.

실수나 잘못을 인정하기보다는 핑계를 대거나 합리화시키려고 애쓰는 경우가 많습니다.
우리는 아는 것보다는 모르는 것이 훨씬 더 많습니다.
그러기 때문에 잘하는 것보다는 잘못하는 것이 더 많습니다.
사람은 일생동안 부족합니다. 죽을 때까지 미완성입니다. 살아온 지난 날을 돌이켜보면 실수투성이요, 잘못 판단하여 남에게 손해를 준 일도 허다합니다.
이럴 때, 솔직히 말하세요.

"미처 깨닫지 못했습니다. 다시 열심히 하겠습니다."

아담이 이르되 하나님이 주셔서 나와 함께 있게 하신 여자
그가 그 나무 열매를 내게 주므로 내가 먹었나이다
(창 3:12)

가르쳐 주셔서
감사합니다

사람은 평생을 배우며 삽니다.

걸음마를 배우고, 말을 배웁니다. 글을 배우고, 예절을 배웁니다. 사람이 무엇인지를 배우고, 어떻게 살아야 하는지도 배웁니다.

팽팽하던 얼굴에 주름이 잡히고 검은 머리에 백발을 휘날려도 사람은 배우며 삽니다. 어디로 갈 것인지? 어떻게 가야할 것인지? 인생은 끊임없는 배움의 연속입니다.

우리에게는 수많은 스승이 있습니다. 부모도 스승이요, 형제도, 친구도, 선생님도, 때로는 어린아이도 스승이 됩니다.

산에 오르면 셀 수 없이 많은 스승을 만납니다.

나무도 스승이요, 바위도, 이슬도, 옹달샘도, 이끼도, 바위틈에 뿌리를 내린 작은 풀 한 포기도 훌륭한 스승입니다.

무엇보다도 이 모든 것을 창조하신 하나님은 가장 큰 스승이십니다.

"가르쳐 주셔서 감사합니다."
은혜를 입은 사람의 마땅한 말입니다.

하늘이 하나님의 영광을 선포하고
궁창이 그의 손으로 하신 일을 나타내는도다
(시 19:1)

곧 가겠습니다

누가 부르면 가는 것보다, 곧 가는 것이 좋습니다.
누가 일을 시키면 하는 것보다, 곧 하는 것이 좋습니다.
계획한 일이 있으면 상황 봐서 하는 것보다, 곧 하는 것이 좋습니다.
가는 것과 곧 가는 것, 하는 것과 곧 하는 것은 큰 차이가 있습니다.

딸아이에게 일을 시키면 대답을 잘 합니다. 그러나 얼마 후에 보면 아
직 안 하고 있습니다. 불순종을 하려고 하는 것은 아닌데, 곧 안 했기
때문에 잊어버린 것입니다.
다시 일러주면 '예!' 하고 곧 하는 경우도 있지만, "이것만 마저 하고
요." 하고 얼마 지나면 곧 잊어버리고 마는 경우도 있습니다.

곧 가세요.
곧 하세요.
곧 실천하세요.
곧 성공하실 거예요.

세월을 아끼라 때가 악하니라
(엡 5:16)

그렇습니다

그렇습니다. 옳습니다. 지당하십니다.
남의 의견에 시원스레 동의하는 것, 참 좋은 일입니다.
남을 존경하는 것, 열심히 경청하는 것, 지지를 보내는 것, 힘껏 박수를 보내는 것, 참으로 귀한 일입니다.

중요한 약속 시간은 지나려고 하는데 차가 서로 뒤엉켜 짜증날 때가 많으실 것입니다. 가슴은 답답하고, 욕은 목구멍까지 올라오고, 혈압은 올라 폭발할 것 같은 서울의 교통전쟁을 많이 겪으셨을 것입니다. 이러다가 갑자기 앞이 탁 트이고 시원스레 차가 신나게 앞으로 달려나갈 때, 얼마나 상쾌하셨나요?
그렇습니다. 그 말씀 옳습니다. 이 한마디는 막혔던 길이 활짝 열리는 것과도 같습니다.
이제 인상 쓰고 웅크려 있지 마세요.

"그렇습니다."
한마디 하세요.

그들이 나와 너희 마음을 시원하게 하였으니
그러므로 너희는 이런 사람들을 알아 주라
(고전 16:18)

내가 당신 못 만났으면
어떻게 됐을까?

"잘못된 만남"이라는 노래가 선풍적인 인기를 누리고 음반 판매량이 기네스북에 오를 정도로 단시간 내에 전국을 강타한 일이 1995년도에 있었습니다.

행복한 만남이 아닌 잘못된 만남이 왜 이토록 인기를 끌게 되었는지 참 알 수가 없는 일입니다. 어쩌면 행복한 만남을 만나지 못한 허전한 마음을 가진 사람들이 많다보니 이 허전함을 달래려고 오히려 잘못된 만남을 열창하게 되나 봅니다.

만남은 참으로 귀한 일입니다. 애굽은 요셉을 만나 복을 누렸고, 니느웨는 요나를 만나 구원을 받았습니다. 나아만은 엘리사를 만나 고침을 받았고, 삭개오는 예수님을 만나 아브라함의 자손이 되었습니다.
여러분은 누구를 만났습니까? 그 만남을 감사하세요. 그렇지만 가장 귀한 만남은 구원되신 예수님을 만난 것입니다.

"예수님, 저를 찾아오시고 만나주셔서 감사합니다."

이튿날 예수께서 갈릴리로 나가려 하시다가
빌립을 만나 이르시되 나를 따르라 하시니
(요 1:43)

아름다운 추억을
안고 삽니다

눈을 감으면 옛 추억이 생생하게 떠오릅니다.

개울에서 가재 잡던 일, 소 몰고 들길을 걷던 일, 미꾸라지를 잡던 일,
메뚜기를 잡아 구워먹던 일, 고무신을 허리에 차고 맨발로 달리던 일,
우산이 없어 오동나무 잎을 꺾어서 받치고 다니던 일, 구슬이 없어서
진흙으로 둥글게 빚어서 구슬치기하던 일, 얼음판 위에서 팽이를 치던
일, 먹을 것이 없어 소나무 껍질과 풀뿌리를 캐먹던 일, 차라고는 1년
에 한 번 들어오는 트럭이 신기해서 휘발유 냄새 더 맡으려고 코를 땅
에 대던 일, 트럭이 지나갈 때 나는 흙먼지를 더 많이 마시려고 입을
크게 벌리고 따라 뛰던 일, 고드름을 아이스케키 먹듯 먹던 일, 얼음
조각을 손목 위에 올려놓고 누가 오래 견디나 내기하던 일, 뱀을 가시
나(계집아이)들 책보따리(책가방) 속에 넣어주던 일…. 셀 수 없는 수
많은 추억들이 파노라마처럼 지나갑니다.

좋은 추억을 만드세요. 그리고 그 아름다운 추억을 안고 사세요. 하루
하루가 즐거울 것입니다.

여호와의 인자하심과 인생에게 행하신 기적으로 말미암아 그를 찬송할지로다
(시 107:15)

그때만 생각하면
웃음이 납니다

잊고 싶은 어두운 추억이 있습니다.

생각만 해도 가슴이 답답한 힘들었던 추억도 있습니다. 그러나 좋은 추억도 많습니다. 웃음이 절로 나는 추억, 생각하면 힘이 나는 아름다운 추억도 많습니다. 소꿉친구들의 추억, 수학여행에서의 추억, 학창시절의 꿈 많던 추억, 단칸 셋방살이의 매서운 추억 등 아스라한 기억 속의 즐거운 추억들이 많습니다.

어두운 추억은 지워 나가세요. 그리고 좋은 추억을 꺼내 놓고 마음껏 웃어 보세요. 그때의 일로 되돌아가 웃어 보세요. 가끔은 옛 추억을 되살려 보며 혼자 웃곤 합니다.

누가 본다면 어딘가 부족한 사람이라고 볼지도 모릅니다.

그러나 어떻습니까?

아름다움을 즐기는 나만의 시간인걸요.

네 하나님 여호와께서 이 사십 년 동안에 네게 광야 길을 걷게 하신 것을 기억하라
이는 너를 낮추시며 너를 시험하사 네 마음이 어떠한지
그 명령을 지키는지 지키지 않는지 알려 하심이라
(신 8:2)

그때 그분은 지금 무얼 하고 계실까?
참 좋은 분이었는데

세상에 믿을 사람이 없다고요?

아닙니다. 좋은 사람들도 참으로 많습니다. 아무 욕심 없이 도와주고 사랑해주신 분들도 많습니다.

어릴 때 병원도, 약국도 없는 산골에서 아플 때면 30리 길을 가서 주사약을 사다가 주사를 놓아주신 이웃 어른이 계십니다. 개울물이 불어 서성거리노라면 등에 업고 건네주신 이름 모를 분들도 많습니다. 서울 올라오는 날 동구 밖에서 공부 잘 하라고 하시며 보리개떡 꾸러미를 건네주시는 동네 아주머니도 계셨습니다. 빨간 앵두가 하도 탐스러워 물끄러미 쳐다보노라면 얼른 손목 잡아끌고 들어가서는 두 손에 가득 따주시며 웃으시던 할머니도 계셨습니다. 시린 손 비벼가며 썰매 타는 얼음판에 뜨거운 군고구마를 주고 가시는 할아버지도 계셨습니다. 아마도 그분들 중에는 이 땅에 계시지 않은 분들이 많으실 것입니다.

은혜를 베푸신 분들을 기억하세요.

작지만 결코 작지 않은 은혜입니다.

그 안에 뿌리를 박으며 세움을 받아 교훈을 받은 대로
믿음에 굳게 서서 감사함을 넘치게 하라
(골 2:7)

웃으며 삽시다

왜 찡그리세요?

좋은 얼굴 가지고 일그러뜨리지 마세요.

웃으세요. 활짝 웃으세요. 웃을 일이 없다고요? 웃을 기분이 아니라고요? 울어도 시원찮을 일이라고요? 살다보면 괴로운 일도 많겠지요. 그렇다고 잔뜩 찡그리고 인상 쓴다고 어디 해결됩니까? 점점 더 괴로움은 더하겠지요.

웃어보세요.

억지로라도 웃어보세요.

불행은 찡그리는 얼굴을 따라 우리 집으로 들어오고, 행복은 웃는 얼굴을 따라 들어옵니다. 생선가게 들러오면 바닷내가 묻어오고, 불고기집 들러오면 불고기 냄새가 묻어오듯이 좋은 것도 나쁜 것도 우리의 입모습을 보고 따라 들어옵니다. 문고리를 잡기 전에 나쁜 것은 털어버리세요. 그리고 웃음을 담고 문을 여세요.

이제 웃으며 사세요.

그의 노염은 잠깐이요 그의 은총은 평생이로다
저녁에는 울음이 깃들일지라도 아침에는 기쁨이 오리로다
(시 30:5)

곧 나으실 것 같아요

현대인은 무거운 짐을 지고 살아갑니다.
질병의 짐, 가난의 짐, 걱정근심의 짐, 자녀 입학의 짐, 사업 부도의 짐 등 셀 수가 없이 많은 짐을 지고 언덕길을 헐떡입니다.
직장인은 스트레스에 시달리고, 사업가는 자금에 시달립니다. 학생은 시험에 시달리고, 부모는 학비 조달에 시달립니다.
모두가 지치고 힘들게 인생의 언덕길을 오르고 있습니다. 지친 사람에게는 작은 방해가 KO로 끌고 갈 수가 있고, 작은 도움이 무한한 힘이 됩니다.

무거운 짐을 수레에 싣고 언덕을 오르는 할아버지를 살짝만 밀어보세요. 너무나 쉽게 올라갑니다. 비록 어린아이가 밀더라도 얼마나 도움이 되는지 모릅니다. 그러나 살짝만 잡아당겨 보세요. 그만 주저앉고 맙니다.

격려하세요. 곧 나으실 것 같아요.
전보다 훨씬 좋아지셨어요.
몰라보게 좋아지셨어요.

너희가 짐을 서로 지라 그리하여 그리스도의 법을 성취하라
(갈 6:2)

훌륭한 부모님 밑에서 자랐습니다

자녀가 부모님을 존경하고 높이는 것은 너무도 당연한 일입니다. 부모님은 모두가 다 훌륭하신 분들입니다. 생명을 이어 주시고 사랑을 알게 해 주셨습니다.

저의 아버님은 지금 천국에 계십니다. 우리 마을에서 처음으로 예수를 믿으시고 시계도, 라디오도 없어 세월이 어떻게 흐르는지 모르는 심심 산골에서 새벽 6시와 낮 12시에 종을 치셨습니다. 뒷동산 소나무에 종을 매달고 비가 오나 눈이 오나 종 밑에 엎드려 기도하시고 종을 치셨습니다. 6시 종소리를 듣고 일꾼들은 일어나고, 12시 종소리를 듣고 아낙네들은 점심준비를 했습니다. 아무리 먼 밭에 나가 일하시다가도 낮 12시 종 칠 시간이 되시면 일손을 놓고 1시간을 달려가 종을 치셨습니다. 이 새벽 종소리는 멀리 10리 밖에서도 들렸다고 합니다. 새벽종을 치시고는 천지도 모르고 자고 있는 자식들을 깨우셔서 새벽기도를 드리셨습니다. 그때는 얼마나 싫었는지 모릅니다.

아버님의 기도로 형님은 목사가 되어 목회를 하고 있습니다. 지금도 무등을 태우시고 들길을 걸어오시던 아버지가 이 볼펜 넘어 아련히 보입니다.

"아부지이 -"

네 아버지와 어머니를 공경하라 이것은 약속이 있는 첫 계명이니
(엡 6:2)

그 선생님 얼굴이
지금도 생생합니다

선생님 없이 오늘까지 살아온 사람이 있으신가요?
비록 학교를 안 다녔다고 하더라도 우리에게는 여러 선생님이 있습니다. 천둥도 선생님이요, 무지개도, 바람도, 이슬도 모두 우리의 선생님입니다.

어릴 적 선생님 한 분이 옆집에 사셨습니다. 학교를 가자면 1시간을 헐레벌떡 걸어야 합니다. 들을 지나고, 개울을 건너고, 저수지를 세 개 지나고, 고개를 두 번 넘어야 학교에 갑니다. 옆집 선생님이 집을 나서시면 아이들이 따라 나섭니다. 선생님을 따라가는 재미가 있어서입니다. 그 선생님은 키가 장대처럼 크고 다리는 롱다리였습니다. 또 걸음은 얼마나 빠르신지 타조가 뛰는 것 같았습니다. 아이들은 선생님의 걸음을 따라서 헐레벌떡 달리는 재미에 곧잘 따라 나서곤 했습니다. 얼마간은 숨이 턱에 차도록 쫓아가지만 10분이 못되어 우리들은 주저앉곤 했습니다.

그 선생님 얼굴이 지금도 생생합니다. 특히 그 롱다리가….

내가 옛날을 기억하고 주의 모든 행하신 것을 읊조리며
주의 손이 행하는 일을 생각하고 주를 향하여 손을 펴고
내 영혼이 마른 땅 같이 주를 사모하나이다 (셀라)
(시 143:5-6)

그 친구 참 개구쟁이였는데…
보고 싶어요

옛 친구를 생각하면 웃음이 절로 납니다.

옆집에 개구쟁이 친구가 있었습니다. 학교도 같이 가고, 소도 같이 꼴을 먹이러 가고, 메뚜기도, 가재도 같이 잡으러 다녔습니다. 개구리도 많이 잡고, 뱀도 어림잡아 500마리는 잡았을 것입니다. 아무런 장난감이 없으니 곤충들이 가장 좋은 천연 장난감인 셈입니다.

그 친구는 참 개구쟁이였습니다. 연을 날리면 일부러 연줄이 엉키게 해서 끊어먹고, 높은 벼랑에 서면 누가 오줌을 더 세게 누어서 오줌줄기가 더 멀리가나 내기하기도 했습니다. 개구리를 빈 도시락 속에 넣어두기도 하고, 개미를 옷 속에 집어넣기도 했습니다. 우리 집의 싸리문 앞에 구덩이를 파고 나뭇잎으로 덮은 후에 흙을 뿌려서 함정을 만들고, 돌담 너머서 숨어 기다리다가 할머니가 빠져서 혼이 난적도 있었습니다.

그 친구 소식이 끊긴 지 30년이 넘었습니다. 얼굴을 못 본 지 10년이 세 번이나 지났습니다.

친구야!! 보고 싶구나!

우리에게 우리 날 계수함을 가르치사 지혜로운 마음을 얻게 하소서
(시 90:12)

그때 그 교회 종소리가
지금도 들리는 것 같아요

서울의 새벽에는 종소리가 없어졌습니다.

닭 울음소리도 없어졌습니다. 예전에는 새벽 종소리가 있었습니다. 새 아침이 밝아오는 경건한 시간, 하루가 열리는 조용한 시간에 들려오는 새벽 종소리는 우리 모두들 되돌아보게 하는 하나님의 음성과도 같았습니다.

그러나 지금은 질주하는 자동차 소리, 온갖 기계가 뿜어내는 소음으로 가득 차 있습니다.

이제 귀를 과거로 돌리세요. 고향의 언덕으로 돌리세요. 눈을 감고 마음의 귀를 열어서 종소리를 들으세요.

제게는 빛바랜 흑백사진이 하나 있습니다. 시골의 교회 종탑 밑에서 눈을 지그시 감은 채 앞 터진 바지를 입고 서있는 세 살적 사진입니다. 지금도 그 사진을 바라보노라면 그때 그 교회 종소리가 들려옵니다.

뎅그렁, 뎅그렁….

우리가 바벨론의 여러 강변 거기에 앉아서 시온을 기억하며 울었도다
(시 137:1)

CHAPTER. 3
절망이 소망으로

우리 생활 주변에서 지금껏 가리지 않고
마구 내보낸 말들이 얼마나 많을까?
한 가정에서 전등 하나를 끄면
수억의 자원이 절약되듯이
우리 한 사람 한 사람이 매일 좋은 말을
한 마디씩이라도 한다면.
이 땅이 얼마나 밝아질까?

언제나 웃음을 잃지
않으시군요

잘 생긴 얼굴보다는 웃는 얼굴이 더 좋습니다.
잘 생긴 남자가 되기보다는 웃는 남자가 되도록 힘을 쓰세요. 미녀가 되기 위해 지나치게 애쓰지 말고 미소로 화장을 하세요. 겉으로 바르는 화장품을 세계 최고로 바르고 또 발라도 살짝 웃는 미소를 따를 수 없습니다.

웃으세요. 개그^{gag} 프로를 보고 표면적으로 잠시 웃고 마는 그런 웃음이 아닌, 속에서 배어나오는 웃음을 웃으세요. 요즘 유행하는 우스갯소리에 자지러질 듯이 잠시 웃고는, 금방 또 굳어지는 그런 웃음보다는 감사가 배어있고 양보와 이해가 배어있는 그런 웃음을 웃으세요.
언제나 환경을 초월해서 웃음을 잃지 않는 사람들이 있습니다. 이런 사람들이 거리에 많을 때, 거리가 밝아지고 이런 사람들이 가정에 많을 때 가정이 밝아질 것입니다.

내가 바로 그 사람이 됩시다.

사람이 먹고 마시며 수고하는 것보다 그의 마음을 더 기쁘게 하는 것은 없나니
내가 이것도 본즉 하나님의 손에서 나오는 것이로다
(전 2:24)

베풀어주신 호의를
잊지 않고 있습니다

사람은 태어나면서 숨을 거둘 때까지 도움을 받고 살아갑니다.
시골집 소가 송아지를 낳는 것을 몇 번 보았습니다. 낳은 지 한나절이
지나면 비틀거리며 일어서려 하고, 하루만 지나면 몸을 가누고 일어섭
니다. 그리고 또 하루만 더 지나면 걷습니다. 얼마나 빠른지 모릅니다.
며칠이 지나면 걷기도 하고 뛰기도 합니다.

사람은 어떻습니까? 얼마나 많은 보호와 보살핌이 따라야만 하는지
모릅니다. 많은 시간이 흘러야 겨우 걷습니다. 학교를 가도, 졸업을 해
도, 직장을 가져도, 결혼을 해도 끝없는 도움의 손길 속에 삽니다. 여
든이 넘은 어머니가 환갑을 넘긴 아들에게 "차 조심 하거라." 하시는
것을 보아도 사람은 끝없는 도움 속에 사는 것이 분명합니다.

당신에게 베푸신 많은 손길들을 잊지 말고 감사하세요.

내게 주신 모든 은혜를 내가 여호와께 무엇으로 보답할까
(시 116:12)

제게 주신 은혜에
만족합니다

사람의 욕심은 한이 없습니다.

모든 강물은 다 바다로 흐르되 바다를 채우지 못함같이 눈은 보아도
족함이 없고 귀는 들어도 차지 않습니다. 말을 타면 종을 부리고 싶고,
앉으면 눕고 싶습니다. 자전거 한 대만 있으면 소원이 없겠다던 사람
이 막상 갖고 보면 자가용이 눈앞에서 떠나지 않습니다. 단칸방이라도
좋으니 내 집만 있으면 여한이 없겠다고 큰소리를 쳐도 막상 단칸방
창문 너머로 보이는 30평 아파트가 눈이 시리도록 아른거리는 것이 사
람의 욕심입니다.

적당한 욕심은 발전을 가져옵니다. 형편과 처지에 따라 브레이크를
밟을 수만 있다면 욕심도 필요하겠지요? 그러나 욕심이라는 자동차
에는 브레이크가 없습니다. 어디엔가 크게 부딪쳐야만 서는 것이 대
부분입니다.

브레이크를 밟으세요. 그리고 만족하세요. 감사하세요.
그래야 참 기쁨이 찾아옵니다.

나는 비천에 처할 줄도 알고 풍부에 처할 줄도 알아
모든 일 곧 배부름과 배고픔과 풍부와 궁핍에도 처할 줄 아는
일체의 비결을 배웠노라
(빌 4:12)

언제나 새로워
보이시네요

우리는 반복되는 삶을 살고 있습니다.
어제 했던 일을 오늘 또 하고, 오늘 한 일들을 내일 또 할 것입니다. 어떻게 보면 지루하고 답답한 일입니다.

전혀 새로울 것도 없고 아무런 의미도 없는 것 같이 느낄 때도 있습니다. 그러나 반복되는 일과에서도 새로움을 찾을 수 있습니다. 일을 즐기며 할 수 있습니다. 의미를 부여하세요. 성취감을 찾으세요. 하나님께서 내게 주신 독특한 일이라고 생각해 보세요. 하나님께서 창조하신 작품의 한 부분을 쓸고 있다고 감사하는 어느 환경미화원처럼 말입니다.
똑같이 반복되는 일과 중에서도 언제나 웃으며 일하는 사람들이 있습니다. 그런 사람들을 보면 언제나 새로워집니다.

새로워지세요.
마음의 창을 여세요.

너희는 이 세대를 본받지 말고 오직 마음을 새롭게 함으로
변화를 받아 하나님의 선하시고 기뻐하시고 온전하신 뜻이 무엇인지 분별하도록 하라
(롬 12:2)

언제나 솔선수범하시는 것을 보면 은혜가 됩니다

군인의 가장 많이 하는 일 중 하나가 줄서는 일입니다.

줄은 모일 때마다 섭니다. 어떤 일을 하든지 먼저 하는 일이 바로 줄서는 일입니다. 줄을 서야 인원 파악이 되고, 이동하고, 교육하고, 훈련을 할 수 있습니다. 뒤쪽으로 서는 사람들보다 앞쪽에 서는 사람들이 불이익을 당할 때가 많습니다. 지적도 받기 쉽고 무거운 것을 들고 갈 확률도 높습니다. 그래서 눈치 빠른 친구들은 뒤로 쳐지든지, 뒤에서 끊어 나올까봐 중간쯤 섭니다. 요령을 잘 피우면 우선은 이득이 있는 것 같습니다. 그러나 생각하세요. 요령은 인생을 멍들게 합니다. 생각도, 사상도, 성격도, 인격도, 신용도, 신뢰도 멍들게 됩니다. 자신이 전혀 모르고 있는 사이에 아무런 통증도 없이 병들게 만듭니다.

앞줄로 서세요.

솔선수범하세요. 지적도 받으세요.

때론 불이익도 당하세요. 그래야만 승리합니다.

이 모든 일에 전심 전력하여 너의 성숙함을
모든 사람에게 나타나게 하라
(딤전 4:15)

용서하세요

용서하세요.

무슨 일이든지 얽어매지 말고 풀어 나가세요.

우리네 인생살이가 얼마나 복잡합니까? 가만있어도 얽히고설키는 게 일인데, 거기다가 우리 스스로를 더 끌어들여서 얽어맬 필요는 전혀 없습니다.

예수님은 용서하시려고 오셨습니다. 얽히고 꼬인 문제들을 풀러 오셨습니다. 죄에 얽힌 우리들, 원한으로 묶인 우리들, 원망과 시기, 질투로 매여 있는 우리들을 풀러 오셨습니다. 그리고 십자가에서 피 흘려 모든 것을 풀어 주셨습니다. 용서하여 주셨습니다.

그런데 우리는 잘 용서하지 못합니다. 힘이 있으면 보복을 하고 힘이 없으면 어디 두고보자 하며 마음에 담아두고 삽니다. 언젠가 기회가 오면 갚겠다는 것입니다.

진정한 용기는 용서입니다. 가장 마음이 넓은 사람이 할 수 있는 것이 바로 용서입니다.

"용서하세요."

이에 예수께서 이르시되 아버지 저들을 사하여 주옵소서
자기들이 하는 것을 알지 못함이니이다 하시더라
그들이 그의 옷을 나눠 제비 뽑을새
(눅 23:34)

은혜 받았습니다

사람은 은혜로 삽니다.
은혜가 아니었다면 이 세상에 존재할 사람은 아무도 없습니다.

부모님의 은혜, 스승의 은혜, 가족과 친지의 은혜, 하나님의 은혜로 삽니다. 은혜 받은 사람이 해야 할 일은 은혜에 보답하며 사는 일입니다. 그러나 우리는 받은 은혜에 비하면 십분의 일, 아니 백분의 일도 갚지 못합니다. 부모님의 은혜에도 말할 것 없고, 우리를 구원하신 하나님의 은혜에는 더 말할 것도 없습니다.

24시간을 한잠도 자지 않고 100년을 열심히 일한다고 해도 나를 위해 피 흘리신 예수 그리스도의 은혜는 갚을 길이 없습니다. 가장 좋은 은혜의 보답은 마음이라고 생각합니다. 말이라고 생각합니다.

"은혜에 감사합니다. 은혜 받았습니다."

우리는 그리스도 안에서 그의 은혜의 풍성함을 따라
그의 피로 말미암아 속량 곧 죄 사함을 받았느니라
(엡 1:7)

저 때문에
고생 많으셨지요?

나 때문에 고생하시는 분들이 참으로 많습니다.

어제의 피곤을 채 풀기도 전에 또 부엌에 서 계시는 어머니, 교통지옥을 헤치며 일터로 나서시는 아버지, 매연이 가득한 거리를 핸들을 잡고 누비시는 버스기사 아저씨, 추위와 더위를 온몸으로 받으며 사거리에서 교통정리를 하시는 교통경찰관 아저씨, 위험을 무릅쓰고 거리를 청소하시는 환경미화원 아저씨, 자신의 생명을 돌아보지 않고 불 속으로 뛰어드는 소방관 아저씨, 영하 20도가 넘는 혹한에 국방을 지키는 국군 아저씨, 화장실로 복도로 궂은일을 미소로 감당하시는 건물 미화원 아주머니.

그분들의 직업이 그러니까 하는 것으로 생각하지 마세요. 생계를 위한 수단으로 보지 마세요. 모두가 나의 편리를 위해 나를 위해 고생하시는 분들이라는 시각으로 보세요. 그리고 따뜻한 한마디를 보내세요.

"수고 많으십니다."

귀를 지으신 이가 듣지 아니하시랴 눈을 만드신 이가 보지 아니하시랴
(시 94:9)

이 경기는 너 때문에
이긴 것 같아

요즘은 농구가 최고의 인기 스포츠 중 하나입니다.

'오빠 부대'라는 말이 생겨날 정도로 경기장은 열기로 가득합니다. 선수들의 애칭도 다양합니다. '농구천재 허재', '코트의 황태자 우지원', '날으는 피터팬 김병철', '한국의 찰스 바클리 현주엽' 등 선수들의 움직임 하나하나에 환호와 한숨이 교차합니다.

그런데 스타는 역시 자신이 골을 잘 넣기도 하지만 동료에게 기회를 많이 만들어 줍니다. 그리하여 자신의 팀에 활기를 불어넣고 사기를 높여 줍니다.

경기가 끝난 후 땀으로 뒤범벅이 된 채 서로 어깨를 툭툭 치며 마주보고 웃고 나오는 광경을 많이 봅니다. 소리는 들리지 않지만 저는 마음속으로 그 소리를 느껴보곤 합니다.

"이 경기는 너 때문에 이긴 것 같아."

형제를 사랑하여 서로 우애하고 존경하기를 서로 먼저 하며
(롬 12:10)

네가 같이 가주면
훨씬 더 즐거울 거야

같이 가면 즐거운 사람이 있습니다.
먼 길을 가더라도 지루하지 않습니다.
꼭 말을 재미있게 해서가 아니라 분위기를 편안하게 해주는 사람이 있습니다. 한 달에 한 번씩 산을 오릅니다. 그때마다 같이 가주었으면 하는 사람이 있습니다. 그분이 같이 가게 되면 기대가 되고 산행이 더욱 즐겁습니다. 그러나 그분이 사정이 있어 빠진다고 하면 어딘지 허전한 생각이 듭니다.

우리는 어떠한 사람이 되어야 할까요? 나는 어떤 존재가 되어야 할까요? 내가 끼면 분위기가 썰렁해져서 남들이 내가 끼기를 은근히 싫어하지는 않을까요?
아니면 내가 같이 가주기를 모두가 바라고 기다리고 있을까요?
평화를 만드는 사람이 되세요.
내 욕심보다는 전체를 위해서 분위기를 좋게 하는 여름 가뭄에 냉수 같은 사람이 되세요.

오 형제여 나로 주 안에서 너로 말미암아 기쁨을 얻게 하고
내 마음이 그리스도 안에서 평안하게 하라
(몬 1:20)

나는 네가 자랑스럽단다

열 번 꾸중하는 것보다 한 번 칭찬하는 것이 더 좋다고 합니다.
그러나 우리는 칭찬하기가 쉽지 않습니다. 기대가 커서 그런지, 아니면 욕심이 많아서 그런지 좀처럼 만족하기 힘들고 그러다 보니 칭찬에 인색해지게 됩니다. 칭찬이 좋은 줄 알면서도 잘 되지 않는 것은 참으로 묘한 일입니다.

딸아이가 하나 있는데 착하고 무던합니다.
성격도 원만하고 요즘 아이들 같지 않게 양보도 잘하고 순진한 편입니다. 그런데도 칭찬이 잘 안 나옵니다.
꾸중하고, 나무라고, 잔소리를 많이 하는 자신을 종종 발견합니다.
칭찬을 좀 해 주어야지 하고 방에 들어가 보면 어수선하게 어질러진 방을 보고서는 칭찬하러 들어갔다가 반대로 꾸중을 하고 나오는 때가 많습니다.

이제는 칭찬을 더 많이 해야겠다고 다짐해 봅시다.
"서로 좋은 일 아니겠어요?"

너는 동산의 샘이요 생수의 우물이요
레바논에서부터 흐르는 시내로구나
(아 4:15)

너는 우리에게
귀중한 존재야

누구에게나 귀중한 존재가 된다면 얼마나 좋을까요?
어느 곳에서든지 귀중한 존재가 된다면 또 얼마나 좋을까요?
어떤 일이든지 그 사람이 없으면 아쉬울 정도로 귀중한 존재가 된다면
참 좋은 일입니다.

한국 축구에는 차범근이 귀한 존재입니다. 한국 야구에는 선동렬이 귀
한 존재이겠지요. 그리고 한국 마라톤에는 손기정 옹과 황영조가 역시
귀한 존재일 것입니다.
그러나 귀한 존재란 꼭 커다란 업적을 이루어 놓아야만 되는 것은 아
닙니다. 가정에서는 가족들에게, 학교에서는 친구들 간에, 회사에서는
동료들 간에, 모임에서는 회원들 간에 자신을 낮추고 남을 높이면 바
로 귀중한 존재가 되는 것입니다.
그리고 그런 사람을 보면 칭찬을 아끼지 마세요.

"너는 우리에게 귀중한 존재야."

누가만 나와 함께 있느니라
네가 올 때에 마가를 데리고 오라 그가 나의 일에 유익하니라
(딤후 4:11)

이 음식점은
언제나 최고예요

눈 덮인 설악산 촬영을 나섰습니다.

인제를 지날 때만 해도 맑던 날씨가 원통을 지나면서 눈보라로 바뀌었
습니다. 용대리 백담사 입구에서 차를 내리자 점심시간이 되었습니다.
SBS에서 방영한 '맛이 있는 집'이란 현수막을 내건 한 음식점을 들어
섰습니다. 통나무 문을 밀고 들어서자 바하의 무반주 첼로곡이 은은히
울려 퍼지고 있었습니다. 멀리 순백의 설악을 내다보며 듣는 바하의
첼로곡은 진한 감동으로 다가 왔습니다.

연세대학교 음대 첼로를 전공한 부부가 속세를 떠나 산속으로 들어와
자연과 더불어 생활하고 있었습니다. 벽에는 부부와 아이들이 설악산
계곡에서 시냇물과 새소리, 바람소리를 오케스트라로 삼고, 바위와 나
무들을 청중 삼아 연주하는 사진이 걸려 있었습니다. 정성껏 내어놓는
두부백반 역시 별미였습니다. 보통 배만 만족하고 나오는 음식점과는
달리 배와 눈과 귀까지 만족하고 나온다는 인사말을 건네면서 이 음식
점은 언제나 최고일 거라는 생각이 들었습니다.

가산이 적어도 여호와를 경외하는 것이
크게 부하고 번뇌하는 것보다 나으니라
(잠 15:16)

나는 너를 생각하면
기분이 좋단다

생각만 해도 기분이 좋은 사람이 있습니다.

만날 날을 앞두면 가슴이 뛰는 사람이 있습니다. 그러나 생각하면 기분이 상하는 사람이 있습니다. 만날 날을 앞두면 가슴이 답답한 사람이 있습니다.

만나면 시원해지는 사람이 있습니다. 오랜 가뭄 끝에 단비 같은 사람입니다 .

만나면 답답해지는 사람이 있습니다. 찌는 더위에 모래 먼지와 같은 사람입니다.

나는 다른 사람에게 어떤 존재일까요? 시원하게 하는 사람일까요?
아니면 답답하게 하는 사람일까요? 만나러 나가기 전에 먼저 나를 다듬으세요. 가시도 다듬고, 모난 곳도 다듬고, 상처 주는 입도 다듬고, 이기적인 마음도 다듬고 나가세요.

화장도 중요하지만 마음에도 화장을 하시고, 립스틱을 바른 입술 위에 부드러운 말의 코팅도 첨가하세요.

여호와여 내 입에 파수꾼을 세우시고 내 입술의 문을 지키소서
(시 141:3)

이발 하셨군요
젊어 보이네요

사람의 기분을 큰 일이 좌우할 것 같지만 그렇지 않습니다.
작은 일로 기분이 상해서 하루 종일 우울하게 지낼 수도 있고, 작은 일로 기분이 전환되어서 하루 종일 천국처럼 살 수도 있습니다.

답답하고 우울하십니까? 작은 변화를 시도해 보세요.
사소한 말 한마디가 친구를 원수로 만들 수 있고, 사소한 관심과 편지한 통이 서먹서먹했던 관계를 친구로 만들기도 합니다.
부부싸움을 하셨나요? 친구와 다투었습니까?
대단히 큰일로 그리하셨나요? 아닐 것입니다.
별 것 아닌 것 가지고 다투고 돌아섰을 것입니다. 이제 먼저 손을 내미세요. 먼저 사과하세요. 먼저 손을 내미는 자가 승자입니다.

주위에 약간의 변화라도 보인 분이 계십니까?
관심어린 한마디가 시원한 냉수 역할을 할 것입니다.

의인의 입술은 기쁘게 할 것을 알거늘
악인의 입은 패역을 말하느니라
(잠 10:32)

집이 먼데
일찍 오셨네요

집이 멀리 떨어져 있는 사람들이 오히려 더 일찍 옵니다. 가까이 있는 사람들은 이리저리 여유 부리다가 제 시간에 오기는커녕 오히려 늦게 오는 경우가 더 많습니다. 약속 시간을 지키는 것은 습관입니다.

일찍 오는 사람은 언제나 일찍 옵니다. 마찬가지로 늦게 오는 사람은 언제나 늦게 옵니다. 그것도 정확히 늦는 만큼 언제나 늦습니다.

성가대 연습에 언제나 30분이 늦는 대원이 있었습니다. 그 사람이 오면 다 온 것입니다. 그 사람이 오면 문을 닫아도 됩니다. 이제 더 이상 올 사람이 없기 때문입니다. 그 사람은 누가 뭐라고 해도 한결같이 늦었습니다. 아무리 잔소리를 해도 별 효과가 없었습니다. 그래서 단호한 결정을 내렸습니다. 아무래도 형편상 어려운 것 같아서 그 사람을 위해서 연습시간을 30분 늦게 시작하도록 했습니다. 다음 주에 어떤 일이 있었을까요?

그 사람은 늦춘 시간보다 또 다시 30분 늦게 왔습니다.

자는 자들은 밤에 자고 취하는 자들은 밤에 취하되
우리는 낮에 속하였으니 정신을 차리고
믿음과 사랑의 호심경을 붙이고 구원의 소망의 투구를 쓰자
(살전 5:7-8)

그 의견에 동감입니다

누군가 좋은 의견을 내놓으셨나요?
아주 좋은 생각이라고 말해 주세요. 남의 의견을 존중해 주면 내 의견
도 존중을 받습니다.

사람이 모이는 곳이면 의례히 의견이 분분합니다.
누구나 자기의 의견이 결정되기를 바랍니다. 자기의 의견에 대해서는
스스로 높은 점수를 주게 되어 있습니다. 그러나 남의 의견을 잘 들을
수 있어야 성숙한 사람이라고 할 수 있습니다. 내 의견보다 상대방의
의견이 더 좋다고 생각될 때는 즉시 "그 생각 아주 좋군요." 하는 것이
좋습니다.

모임에서 가장 귀한 사람이 누구일까요?
리더일까요? 돈을 많이 내는 사람일까요?
가장 귀한 사람은 남의 의견을 존중해 주고 화기애애하게 만들어 가는
사람이라고 생각합니다.

의인의 입술은 기쁘게 할 것을 알거늘
악인의 입은 패역을 말하느니라
(잠 10:32)

힘내세요

어릴 때, 우리 동네에서 일어났다고 하는 전설따라 삼천리 같은 이야기가 있습니다.

소를 먹이러 나간 꼬마가 소를 잃었습니다. 소가 산을 넘어 다른 골짜기로 갔습니다.

꼬마는 소를 찾아 산을 헤맸고, 이내 날은 저물어 밤이 되고 말았습니다. 두려움에 떨던 꼬마가 자기 소를 발견했습니다.

그런데 소가 처음 보는 날쌘 동물과 싸우고 있었습니다. 꼬마는 무덤가에 앉아서 자기 소를 응원했습니다.

"우리 소 이겨라."

"우리 소 힘내라."

형편없이 지고 있던 소가 힘을 냈고, 뿔로 들이받아서 쓰러뜨렸습니다. 이때 징소리와 꽹과리 소리를 내면서 마을 사람들이 횃불을 켜 들고 꼬마를 찾아 올라왔습니다.

어른들은 소 옆에 쓰러져 있는 황소만한 호랑이를 보고 기절초풍을 하였습니다.

꼬마의 "우리 소 이겨라." 그리고 "우리 소 힘내라."의 응원으로 소가 호랑이를 잡은 것이었습니다.

만군의 여호와께서 우리와 함께 하시니
야곱의 하나님은 우리의 피난처시로다(셀라)
(시 46:11)

써보니 참 좋군요

큰 기대를 하지 않고 써 본 제품이 의외로 좋을 때가 있습니다.
별 기대 없이 시청한 주말의 명화가 커다란 감동으로 이끌고 간 경험
도 있습니다. 알려지지도 않은 외면당한 산을 오르면서 시종 감탄을
연발하는 경우도 있습니다.

인기제품이 아니란 이유로, 잘 알려지지 않았다는 것 때문에 계속적으
로 외면당하고 무시당하는 좋은 것들이 많습니다.
외모도 출중하지 못하고, 그렇다고 노래를 잘하거나 말을 잘하는 것도
아닌 보통 그렇고 그런 사람 같은데 만나보면 어딘지 모르게 끌리는
좋은 사람도 많습니다.

너무 최고를 찾지 마세요. 완벽을 찾지도 마세요.
최고는 만들어 가는 것이고 완벽도 가꾸어가야 얻어지는 것입니다.
써보니 참 좋더군요. 만나보니 좋은 사람이더군요.
가보니 또 가고 싶은 곳이에요. 이런 평범함 속에서 행복을 많이 찾아
누리세요.

존귀하나 깨닫지 못하는 사람은 멸망하는 짐승 같도다
(시 49:20)

참 기발한 착상입니다

이래도 길이 없고 저래도 길이 없을 때가 있습니다.
아무리 궁리하고 고민해도 시원한 해결책이 없어 가슴이 답답할 때가
있습니다.
이럴 때 누군가의 한마디가 기가 막힌 해결의 실마리가 될 수도 있습니다. 기발한 착상은 의외로 우리 주변에서 많이 찾을 수 있습니다.

증기 기관차는 주전자에서 찾았고, 만유인력의 법칙은 떨어지는 사과
에서 찾았습니다. 얼음을 찾으려고 북극 탐험을 안 해도 됩니다.
냉장고에서도 얼음은 찾을 수 있습니다.
소금물을 구하러 서해 바다까지 안 가도 됩니다.
부엌의 소금을 물에 녹이면 소금물이 됩니다.
행복을 찾으러 하와이로 안 가도 됩니다. 바로 옆방에 행복이 기다리
고 있을지도 모릅니다.

먼저 가까이에서 찾아보세요.
내 주머니에서, 주변에서, 내 가까이에서 기발한 착상은 말없이 숨어
있습니다.

무화과나무의 비유를 배우라 그 가지가 연하여지고
잎사귀를 내면 여름이 가까운 줄을 아나니 이와 같이 너희도 이 모든 일을 보거든
인자가 가까이 곧 문 앞에 이른 줄 알라
(마 24:32-33)

기억 하겠습니다

우리는 기억해야 할 것들을 너무 잊고 삽니다.

바빠서 일까요? 오늘의 내가 있기까지 도움을 주신 많은 손길들이 있었습니다. 그러나 많은 부분 기억에서 사라지고 지금은 어디서 무엇을 하고 계시는지도 모른 채 살고 있음을 돌아봅니다. 기억력이 나빠서 일까요?

유대인들은 수천 년이 지난 지금에도 애굽에서 해방되어 나온 유월절을 가슴깊이 기억하고 있습니다. 그러나 우리는 해방 70년을 겨우 지냈는데도 잊어 가고 있습니다. 8월 15일은 노는 날, 여름휴가 때 못간 나들이 가는 날, 유원지는 만원이고 나들이 차량으로 하루 종일 교통전쟁을 치르는 날로 잊혀 가고 있지 않나 생각합니다.

너무 쉽게 잊어버리는 개인, 너무 빨리 잊어버리는 민족이 되어서는 안될 것입니다. 민족을 위해 피를 흘린 선조들, 신앙을 위해 순교의 피를 흘린 선진들이 계셨기에 오늘의 풍요가 있는 것입니다.

너는 조심하여 너를 애굽 땅 종 되었던 집에서 인도하여 내신 여호와를 잊지 말고
(신 6:12)

두 분 참 어울리는
부부시군요

부부는 남남으로 만났지만 살다보면 닮아가나 봅니다.
전혀 다른 두 사람이 만나 하나를 이루는 것이 부부의 신비입니다.

몇 시간의 여행길에서 같이 앉는 손님을 좋은 분으로 만나면 여행이 즐겁습니다. 하물며 앞으로의 평생을 같이 해야 할 동반자를 잘 만나는 것은 그 어떠한 복과도 비교할 수 없을 것입니다.
부부는 잘 어울려야 합니다.
내게 있는 모난 부분을 깎아내고 상대방에게 있는 모난 부분을 조금씩만 서로 받아들이면 부부는 어울리게 되어 있습니다.
빼빼와 뚱보가 만나도 어울리고, 뚱보와 뚱보가 만나도 어울리고, 빼빼와 빼빼가 만나도 어울립니다.
집 앞에서, 시장에서, 교회에서 어울리는 부부를 만나셨나요?

"두 분 참 잘 어울리시네요."

아내를 얻는 자는 복을 얻고 여호와께 은총을 받는 자니라
(잠 18:22)

성경적 세계관의 틀과 문화를 도구로
다음 세대를 세우는 토론식 성경공부 교재

삶이 있는 신앙 시리즈

정치

경제

사회

문화

미디어

대중매체

우리가 만든 주일학교 교재는
성경적 세계관의 틀과 문화를 도구로 합니다.

왜 '성경적 세계관의 틀'인가?

진리가 하나의 견해로 전락한 시대에, 진리의 관점에서 세상의 견해를 분별하기 위해서

◇ 성경적 세계관의 틀은 성경적 시각으로 우리의 삶을 보게 만드는 원리입니다.

◇ 이 교재는 성경적 세계관의 틀로 현상을 보는 시각을 길러줍니다.

왜 '문화를 도구'로 하는가?

어린이, 청소년, 청년들의 삶에 가장 큰 영향을 끼치는 것이 문화이기 때문에

◇ 문화를 도구로 하는 이유는 우리의 자녀들이 문화 현상 속에 젖어 살고, 그 문화의 기초가 되는 사상(이론)을 자신도 모르게 이미 받아들이고 있기 때문입니다.

◇ 공부하는 학생들의 삶의 현장으로 들어갑니다(이원론 극복).

✦ 다른 세대가 아닌 다음 세대 양육

자기 생각에 옳은 대로 하는 포스트모던적인 사고의 틀을 벗어나, 하나님의 말씀에 기초해서 생각하고 행동하는 성경적 세계관(창조, 타락, 구속)의 틀로 시대를 읽고 살아가는 "믿음의 다음 세대"를 세울 구체적인 지침서!

✦ 가정에서 실질적인 쉐마 교육 가능

각 부서별(유년, 초등, 중등, 고등)의 눈높이에 맞게 집필하면서 모든 부서가 "동일한 주제의 다른 본문"으로 공부하도록 함으로써, 가정에서 부모와 자녀가 함께 성경에 대한 유대인들의 학습법인 하브루타식의 토론이 가능!

✦ 원하는 주제에 따라서 권별로 주제별 성경공부 가능

성경말씀, 조직신학, 예수님의 생애, 제자도 등등

✦ 3년 교육 주기로 성경과 교리에 대한 기본적인 이해가 가능하도록 구성(삶이 있는 신앙)

 － 1년차 : 성경말씀의 관점으로 본 창조 / 타락 / 구속
 － 2년차 : 구속사의 관점으로 본 창조 / 타락 / 구속
 － 3년차 : 하나님 나라의 관점으로 본 창조 / 타락 / 구속

"토론식 공과는 교사용과 학생용이 동일합니다!" (교사 자료는 "삶이있는신앙" 홈페이지에 있습니다)

1 목적

부지불식간(不知不識間)에 대중문화와 또래문화에 오염된 어린이들의 생각을 공과교육을 통해서 성경적 세계관으로 전환시킨다. 이를 위해 현실 세계를 분명하게 직시함과 동시에 그 현실을 믿음(성경적 세계관)으로 바라보며, 말씀의 빛을 따라 살아가도록 지도한다(이원론 극복).

2 구성

쉐 마 분명한 성경적 원리의 전달을 위해서 본문 주해를 비롯한 성경의 핵심 원리를 제공한다(씨앗심기, 열매맺기, 외울말씀).

문 화 지금까지 단순하게 성경적 지식 제공을 중심으로 한 주일학교 교육의 결과 중 하나가 신앙과 삶의 분리, 즉 주일의 삶과 월요일에서 토요일의 삶이 다른 이원론(二元論)이다. 우리 교재는 학생들의 삶 속에서 일어나는 문화를 토론의 주제로 삼아서 신앙과 삶의 하나 됨(일상성의 영성)을 적극적으로 시도한다(터다지기, 꽃피우기, HOT 토론).

세계관 오늘날 자기중심적인 시대정신에 노출된 학생들의 생각과 삶의 방식을 성경적 세계관을 토대로 바라보게 함으로써, 자신을 돌아보고 삶에 적용하는 것을 돕는다.

3 설교

학생들이 공과의 내용을 잘 이해하고, 공과 공부 시간을 풍성하게 하기 위해서, 부서 사역자가 매주 '동일한 주제의 다른 본문'으로 설교를 한 후에 공과를 진행한다.

권별	부서별	공과 제목	비고
시리즈 1권 (입문서)	유·초등부 공용	성경적으로 세계관을 세우기	신간 교재 발행!
	중·고등부 공용	성경적 세계관 세우기	
시리즈 2권	유년부	예수님 손잡고 말씀나라 여행	주기별 기존 공과 1년차-1/2분기
	초등부	예수님 걸음따라 말씀대로 살기	
	중등부	말씀과 톡(Talk)	
	고등부	말씀 팔로우	
시리즈 3권	유년부	예수님과 함께하는 제자나라 여행	주기별 기존 공과 1년차-3/4분기
	초등부	제자 STORY	
	중등부	나는 예수님 라인(Line)	
	고등부	Follow Me	
시리즈 4권	유년부	구속 어드벤처	주기별 기존 공과 2년차-1/2분기
	초등부	응답하라 9191	
	중등부	성경 속 구속 Lineup	
	고등부	하나님의 Saving Road	
시리즈 5권	유년부	하나님 백성 만들기	주기별 기존 공과 2년차-3/4분기
	초등부	신나고 놀라운 구원의 약속	
	중등부	THE BIG CHOICE	
	고등부	희망 로드 Road for Hope	
시리즈 6권	유년부		2024년 12월 발행 예정!
	초등부		
	중등부		
	고등부		

✔ 『삶이있는신앙시리즈』는 "입문서"인 1권을 먼저 공부하고 "성경적 세계관"을 정립합니다.
✔ 토론식 공과는 순서와 상관없이 관심있는 교재를 선택하여 6개월씩 성경공부를 할 수 있습니다.

성경적 세계관의 틀과 문화를 도구로 다음 세대를 세우고,
스토리story가 있는, 하브루타chavruta 학습법의 토론식 성경공부 교재

성경적 시각으로 포스트모던시대를 살아갈 힘을 주는
새로운 교회/주일학교 교재!

삶이 있는 신앙 시리즈

국민일보◎
CHRISTIAN EDU BRAND AWARD
기독교 교육 브랜드 대상

토론식 공과(12년간 커리큘럼) 전22종 발행!

기독교 세계관적 성경공부 교재 고신대학교 전 총장 전광식
신앙과 삶의 일치를 추구하는 토론식 공과 성산교회 담임목사 이재섭
다음세대가 하나님 말씀의 진리에 풍성히 거할 수 있게 될 것을 확신 총신대학교 명예교수 신국원
한국교회 주일학교 상황에 꼭 필요한 교재 브리지임팩트사역원 이사장 홍민기

소비 문화에 물든 십대들의 세속적 세계관을
바로잡는 눈높이 토론이 시작된다!

발행처 : 도서출판 **삶이 있는 신앙**
공급처 : 솔라피데출판유통 / 주소 : 경기도 파주시 문발로 123 솔라피데하우스
주문 및 문의 / 전화 : 031-992-8691 팩스 : 031-955-4433
홈페이지 : www.faithwithlife.com

우리나라
참 복 많이 받은 나라입니다

우리나라처럼 복 많이 받은 나라가 이 세상에 또 어디 있을까요?

불과 100년 전만 해도 얼마나 비참했었습니까?

가난, 질병, 전염병, 문맹, 미신, 우상숭배, 인권의 무시, 침략, 식민지 생활 등 온갖 불행과 한을 삼키며 살았습니다. 거기다가 6·25전쟁의 동족상잔의 비극까지 겹쳤으니 참으로 버림받은 나라와도 같았습니다. 그러나 시온의 빛이 비쳤습니다. 복음이 들어왔습니다.

선교사가 짙은 피를 뿌렸습니다. 구세주의 복음이 꽃이 피기 시작했습니다. 교회가 세워지고, 학교가 세워지고, 병원이 세워졌습니다.

죄로부터의 자유, 무식으로부터의 해방, 온갖 질병으로부터 치유되었습니다. 아시안 게임이 열리고, 올림픽이 열렸으며, 세계 10위 안에 드는 무역 강국이 되었습니다.

세계가 놀라는 엄청난 기적을 이루었습니다.

누가 이렇게 하셨나요.

바로 여호와 하나님이십니다.

"우리나라! 참 복 많이 받은 나라입니다."

일어나라 빛을 발하라 이는 네 빛이 이르렀고
여호와의 영광이 네 위에 임하였음이니라
(사 60:1)

우리에겐 내일이 있습니다

미국 보스턴에는 세계의 명문인 하버드대학교가 있습니다.
어느 목사님 한 분이 이 학교를 방문한 일이 있었습니다.
따사로운 봄볕을 받으며 잔디밭 위를 걷고 계셨습니다. 자신이 지나온
아련한 대학 시절을 회상 하노라며 걷고 있는데 불쑥 한 청년이 길을
막으며 "한국 분 아니십니까?" 하고 반겼습니다.
"그래, 나는 한국 목사인데 자네는 누군가?"
"네, 저는 하버드 법대 졸업반에 다니는 한국 유학생입니다."
"장하군! 젊은이. 그래 졸업하면 무엇을 할 텐가?"
"네, 유명한 변호사가 되어 이름을 날릴 겁니다."
"그 후엔 무엇을 할 텐가?"
"네, 미모와 지성을 갖춘 여성과 결혼해서 행복하게 살아야죠."
"그 후엔 어떻게 할 텐가?"
지금까지 자신만만하던 젊은이가 힘없는 목소리로 "늙겠죠."
"그 후엔 어떻게 될 것 같은가?"
하버드대학교 법대생의 마지막 대답은 무엇이었을까요?
"목사님! 늙은 다음엔 죽는 것밖에 무엇이 더 있겠습니까?"

고작 죽기 위해 태평양을 건너 이곳까지 유학을 왔단 말입니까?
내일을 바라보세요. 천국을 소유하세요.

가서 너희를 위하여 거처를 예비하면 내가 다시 와서
너희를 내게로 영접하여 나 있는 곳에 너희도 있게 하리라
(요 14:3)

분위기에 잘 맞는
옷을 입으셨군요

대학 시절, 설악산으로 수학여행을 갔었습니다.
모두가 간편한 옷차림에 운동화나 등산화를 신고 갔습니다.
그런데 한 친구의 옷차림이 남달리 독특했습니다.
정장에 넥타이까지 매고 구두를 신었습니다. 울산바위도 오르고 금강
굴도 오르는 동안 그 친구는 쩔쩔맸습니다.

분위기에 맞는 옷이 있습니다. 분위기에 맞는 신이 있습니다.
분위기에 맞는 말이 있습니다. 분위기에 맞는 몸가짐이 있습니다.
분위기 파악을 못하면 웃음거리가 되고 분위기를 망치게 됩니다.
혼인집에서 울어도 안되고, 상갓집에서는 노래를 불러도 안됩니다. 물
론 이런 실수를 하는 사람은 거의 없습니다. 그러나 분위기를 정말 잘
살려주는 사람은 흔치 않습니다.

분위기를 잘 맞추세요. 그리고 그런 사람을 보면 칭찬하세요.
칭찬은 최고의 분위기맨[man]이 할 수 있는 묘약입니다.

마음이 상한 자에게 노래하는 것은
추운 날에 옷을 벗음 같고 소다 위에 식초를 부음 같으니라
(잠 25:20)

선물이 마음에 꼭 들어요

북을 두드리면 북소리가 납니다.

북을 두드렸는데도 소리가 나지 않으면 이미 북이 아닙니다.

우리가 상대방의 호의에 아무런 반응이 없으면, 소리도 못내는 북과도 같습니다.

내게 오는 정만 있고 가는 정이 없으면, 우리네 인간관계는 무너지고 맙니다.

시골집의 담은 돌담이었습니다. 그리 높지가 않아 어른들은 얼굴이 보였습니다. 우리 집에서 떡을 하면 언제나 이 돌담을 넘어 떡 그릇이 넘어 갔고, 다시 그릇이 담을 넘을 때면 감자나 고구마가 담겨져 있었습니다. 마치 배드민턴 경기처럼 돌담을 넘어 오고가는 정은 언제나 따뜻했습니다.

"선물을 받으셨나요?"

"도움을 받으셨나요?"

정성 어린 감사 인사를 잊지 마세요.

모든 육체에게 먹을 것을 주신 이에게 감사하라 그 인자하심이 영원함이로다
(시 136:25)

제 마음을
어떻게 그리 아셨어요?

세심한 배려를 해 주시는 분들이 있습니다.

필요한 것을 아시고 꼭 필요한 것을 선물하시는 분도 계시고, 어려운 일을 당했을 때 격려해 주시는 분도 계십니다.

어떻게 아셨는지 걱정해 주시고 위로해 주실 때는 정말 힘이 됩니다.

말도 안 했는데 갖고 싶은 것을 갖게 되었을 때는 얼마나 기쁜지 모릅니다.

초등학교 시절 가을 운동회가 열렸습니다. 워낙 산골 학교라 다 떨어진 고무신을 이리저리 꿰매서 신고 다녔기 때문에 조금만 빨리 뛰면 고무신이 벗어집니다. 그래서 운동회 날은 아예 맨발로 학교를 가곤 했습니다. 운동회가 끝나고 집에 오는 길에 동네 아저씨가 풍선을 하나 사 주셨습니다. 풍선을 갖고 싶었던 제 소원을 어떻게 아셨는지 뛸 듯이 기뻤습니다. 그것도 토끼 모양으로 큰 귀가 두 개 달려 있고 중간에 소리 나는 장치가 있어 한쪽을 누르면 삑- 하고 소리까지 났습니다. 며칠을 풍선과 함께 꿈같은 시간을 보냈는데 그만 터져버리고 말았습니다. 울었습니다. 키우던 강아지가 죽은 날처럼 울었습니다. 그리고 찢겨진 풍선 조각을 몇 달을 입에 넣고 다녔는지 모릅니다.

> 아버지가 자식을 긍휼히 여김 같이 여호와께서는
> 자기를 경외하는 자를 긍휼히 여기시나니
> (시 103:13)

좋은 계절에
태어나셨군요

어느 계절에 태어나셨습니까?

봄은 만물이 소생해서 좋고, 여름은 푸르름이 좋습니다. 가을은 화려함이 좋고, 겨울은 소박함이 좋습니다.

탄생은 신비입니다. 하나님의 창조의 오묘함입니다. 어찌 '나' 라는 존재가 이 땅에 태어나 생각하고, 웃고, 울고, 고민하고, 기뻐하고, 사랑하는지 참 알 수 없습니다. 가족을 만나고, 친구를 만나고, 짝을 만납니다. 또 새로운 생명을 탄생시키고, 가정을 이룹니다.

그리고는 때가 되면 어디론가 훌쩍 떠나갑니다.

어디로 가는 것일까요? 살기는 이 땅에서 같이 살지만 가는 곳은 서로 다릅니다. 무엇을 소유하고 살았느냐에 따라 가는 곳은 다릅니다.

예수 그리스도를 소유하고 그분이 계시는 천국으로 가는 사람이 있고, 그분의 간절한 요청을 외면하고 지옥으로 떠나는 사람도 있습니다.

어느 계절에 태어나더라도 좋습니다.

그러나 무엇을 소유하고 살았느냐는 너무나도 중요합니다.

영접하는 자 곧 그 이름을 믿는 자들에게는
하나님의 자녀가 되는 권세를 주셨으니
(요 1:12)

감각이
뛰어나시네요

감각이 뛰어나면 사는 것이 즐겁습니다.

누구에게나 감각이 있습니다. 숨겨진 감각도 있습니다. 그 숨겨진 감각을 찾아내서 개발하면 그 방면의 성공자가 될 수가 있습니다. 미적 감각이 뛰어나면 예술가가 되고, 소리에 대한 감각이 뛰어나면 음악가가 될 수 있습니다. 유머 감각이 뛰어나면 즐겁게 하고, 손끝의 감각이 뛰어나면 기술자가 됩니다.

내게 있는 감각이 무엇일까요? 한 번 찾아보세요.

혀끝에 있는 감각이 뛰어나면 요리사, 눈의 감각이 뛰어나면 평론가, 입술의 감각이 뛰어나면 웅변가, 발의 감각이 뛰어나면 축구선수, 허리의 감각이 뛰어나면 무용가가 될 수 있습니다.

내 감각을 찾아내면 개발하고 남의 감각을 발견하면 칭찬하세요.
살기 좋은 세상이 될 것입니다.

눈이 밝은 것은 마음을 기쁘게 하고
좋은 기별은 뼈를 윤택하게 하느니라
(잠 15:30)

좋은 취미를
갖고 계시네요

좋은 취미는 삶의 활력이 됩니다.

스트레스를 없애주는 특효약이 됩니다. 현대인에게 가장 무서운 적은 스트레스입니다.

스트레스가 가져다주는 부작용은 엄청납니다. 정신적, 육체적으로 사람을 서서히 죽음으로 몰고 가는 악당입니다.

한 발자국 한 발자국 낭떠러지 쪽으로 밀고 갑니다. 이대로 밀려가서는 안되는 줄 알면서도 밀려갑니다.

좋은 취미 생활을 찾아보세요. 생활 주변에서 쉽게 할 수도 있고 경제적, 시간적으로 가능한 것들을 찾아보세요. 부부나 가족이 함께 할 수 있다면 더욱 좋겠지요.

시간이 없으시다고요? 쪼개 보세요. 생길 것입니다.

경제적 여유가 없으시다고요? 찾아보세요.

돈이 별로 안 들고도 가능한 것들이 있을 것입니다.

문제는 하고자 하는 결심입니다.

게으른 자는 말하기를 사자가 밖에 있은즉
내가 나가면 거리에서 찢기겠다 하느니라
(잠 22:13)

꼭 재기하시리라
믿습니다

실패에 좌절하는 사람이 있고, 또 다시 일어나 재기에 성공하는 사람이 있습니다.
실패 없이 성공만 하는 사람은 이 세상에 단 한 명도 없습니다. 문제는 다시 일어서려는 의지입니다.

프로야구에서 '불사조' 라는 별명을 가진 선수가 있습니다. OB베어스의 박철순 투수입니다. 프로야구가 시작되던 원년에 최다승 투수로 우승의 영광을 안게된 화려했던 시절이 있었습니다. 그러나 잇단 부상과 슬럼프로 그라운드에 서지 못했습니다. 세월은 그를 나이 먹게 했고, 망각이라는 불청객은 팬들의 머리에서 그를 잊게 했습니다.
매년마다 새로운 스타들이 꼬리를 물고, 팬들의 가슴에 꽃을 심었습니다. 그러나 불사조는 죽지 않았습니다. 스포츠 세계에서는 할아버지라고 할 수 있는 40세가 넘은 나이에 다시 그라운드에 서서 팬들에게 진한 감동을 주었습니다.

다시 일어서세요.
꼭 재기하시리라 믿습니다.

하나님은 곤고한 자를 그 곤고에서 구원하시며
학대 당할 즈음에 그의 귀를 여시나니
(욥 36:15)

용기를 잃지 마세요

돈을 잃으면 다시 벌면 되지만 용기를 잃으면 소망이 없습니다.
용기를 잃지 마세요. 의욕을 잃지 마세요. 용기만 잃지 않는다면 얼마
든지 다시 일어설 수 있습니다.

독일은 제2차세계대전의 폐허 속에서도 일어섰습니다.
우리나라도 6 · 25전쟁의 참변으로 초토화가 되었어도 일어섰습니다.
"할 수 있다." 라는 용기와 신념이 이루어낸 기적입니다. 하나님의 손
길은 용기를 잃지 않는 자에게 찾아옵니다. 그러나 회전의자에 앉았어
도 용기를 잃으면 찾아오던 손길도 멀어집니다.

주위에 용기를 잃고 주저앉는 사람이 있습니까?
용기를 불어넣어 주세요. 다시 일으켜 세우세요.
당신의 따뜻한 한마디가 생기를 되찾게 하는 활력소가 될 것입니다.

의인의 입술은 여러 사람을 교육하나
미련한 자는 지식이 없어 죽느니라
(잠 10:21)

그럴 수 있겠지요

남의 입장을 알아보기 전에 무조건 속단하지 마세요.
그럴만한 사정이 있어서 그럴 수 있습니다. 내가 그 입장이 되면 나도
어쩔 수 없이 그럴 수밖에 없는 경우도 있을 것입니다.

사람은 돌 던지기를 좋아합니다. 간음하다 현장에서 붙잡힌 여인을 향
해 사람들은 돌을 던지려 했습니다. 자신의 내면에 숨어있는 간음과,
도적과, 거짓의 요소를 표면으로 감추고 남을 향해서는 앞 다투어 돌
을 던지려고 했습니다.

누가 지각을 했나요? 그럴만한 이유가 있었겠지요.
약속을 어겼나요? 그럴만한 부득이한 사정이 있었겠지요.
그 사유를 물어보기 전에 몰아붙이지 마세요.
서로 이해하고 관용하는 여유 있는 삶을 사세요.

그들이 묻기를 마지 아니하는지라 이에 일어나 이르시되
너희 중에 죄 없는 자가 먼저 돌로 치라 하시고
(요 8:7)

기회는 또 있으니
상심 마세요

사람은 참으로 강합니다.
도저히 상상하기 어려운 일들을 해냅니다. 에베레스트 산을 오르는가
하면 저 북극의 끝까지 정복합니다. 한계상황에서의 역경을 초인적인
힘으로 이겨냅니다.

암벽을 오르기도 힘든 일인데 빙벽을 오릅니다.
뜨거운 모래먼지가 1년 내내 휘몰아치는 열사의 땅에서도 견디어 내고
영하 30도 이하의 혹한이 살을 에는 곳에서도 일합니다.
이처럼 사람은 강합니다.
그러나 이상하게도 이렇게도 강한 사람이 의지가 약해질 때는 너무나
약합니다. 작은 어려움 앞에서도 실망하고 별 것 아닌 실패에도 좌절
합니다. 그처럼 강인했던 부분은 다 어디론가 사라지고 주저앉는 모습
을 봅니다.

기회는 또 있습니다. 주저앉지만 말고 서 있으세요.
기회라는 열차는 또 옵니다. 단지 서 있는 사람에게만요.

의인은 고난이 많으나 여호와께서 그의 모든 고난에서 건지시는도다
(시 34:19)

그럴수록 더 힘을
내셔야지요

도중에 일이 잘못되면, 그때부터는 성의 없이 대충대충 하는 성격이
있습니다.

반면에 잘못한 후로는, 더욱 신경을 써서 더 잘하는 사람도 있습니다.
그림을 그릴 때도 제각기 다릅니다. 대부분 처음에는 정성껏 그립니
다. 그러다 중간에 색을 잘못 칠했거나 마음에 들지 않으면 그때부터
는 될 대로 되라는 식으로 대충해서 제출합니다. 그러나 그때부터 그
잘못된 부분을 고치고 전체를 살리기 위해서 더 정성을 기울이는 학생
도 있습니다.

그림 하나는 별 것 아닙니다. 미술 점수 조금 더 받고 덜 받고는 문제
가 아닙니다. 큰 문제는 그런 성격이 모든 일에 적용되어 인생의 성패
를 좌우하는 갈림길이 되기 때문입니다.

체조 경기나 피겨 스케이팅에서 시합 도중에 선수가 넘어지는 경우가
있습니다. 그러나 곧바로 몸을 가다듬고 끝까지 최선을 다해 금메달을
목에 거는 선수도 있습니다.

일을 그르치셨나요? 그럴수록 더 힘을 내셔야죠.

> 다윗이 땅에서 일어나 몸을 씻고 기름을 바르고 의복을 갈아입고
> 여호와의 전에 들어가서 경배하고 왕궁으로 돌아와 명령하여
> 음식을 그 앞에 차리게 하고 먹은지라
> (삼하 12:20)

CHAPTER. 4
입술의 열매는 참으로 크다

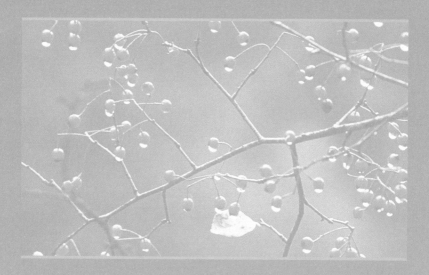

불과 몇 초 사이에 나가버린 입술의 한마디가
몇 십 년의 세월을 두고
한 영혼을 멍들게 할 수도 있고,
절망으로 내려가는 영혼을
소망의 언덕을 향해 달려가게 할 수도 있다.
"주 예수여, 당신의 나라에 임할 때,
나를 기억하소서!"

내일이 있잖아요

오늘이 있으면 내일도 있습니다.
저녁이 있으면 아침도 있습니다.
눈물이 있으면 기쁨도 있고, 실패가 있으면 성공도 또한 있습니다.
내일만 잊어버리지 않으면 반드시 좋은 날이 있습니다.

농부는 가을을 바라보며 봄과 여름을 참습니다. 등산하는 분들은 정상을 바라보며 고통을 참습니다. 공부를 하는 학생도, 후보 선수로 벤치를 지키는 선수도, 조명등 뒤편에서 무대를 바라보는 엑스트라도 내일을 바라보며 오늘을 참고 견디는 것입니다.

오늘 병원에 누워 계신가요? 창밖을 내다보세요. 내가 살아갈 아름다운 세상입니다. 오늘 패하셨나요? 두 주먹을 불끈 쥐어보세요.
그 손안에 내일의 월계관이 있습니다.

실패한 분들에게 격려하세요.
"내일이 있잖아요."

울며 씨를 뿌리러 나가는 자는 반드시 기쁨으로
그 곡식 단을 가지고 돌아오리로다
(시 126:6)

꼭 그날이
올 거예요

기다림이 있는 사람은 행복합니다.
연인을 기다려도 행복하고, 좋은 날을 기다려도 행복합니다.
학생들은 방학을 기다리고, 직장인들은 휴가를 기다립니다.
우리들에게서 기다림을 빼버린다면 얼마나 살기 힘든 세상이 될까요?

초등학교 가기 전의 일입니다.
형님이 대구에서 공부를 하다가 방학이 시작되면 시골집으로 돌아옵니다. 방학 날이 가까워지면 아버지께서는 자꾸만 앞산 언덕을 바라보십니다.
집배원 아저씨를 기다리는 것입니다. 집배원 아저씨는 매일 오는 것이 아니라 우리 마을에 편지가 있어야 옵니다.

언덕 넘어 집배원 아저씨가 보이면 아버지는 동구 밖까지 나가셔서 우리 집에 오는 편지가 있는지 물어 보십니다. 기다리던 편지가 없으면 얼마나 서운해 하시는지 모릅니다. 그러다가 편지가 있는 날이면 얼마나 기뻐하셨는지 지금도 모습이 선합니다.

편지에는 언제 가겠다는 내용이 쓰여 있습니다. 그날부터 밤잠을 설치신 아버지는 오겠다고 한 날에 아침 일찍부터 저를 데리고 신작로가 멀리보이는 언덕에 올라가서 기다리십니다.

형님은 대구에서 출발하여 고향에는 오후가 되어야 도착하지만 아침
일찍부터 기다리셨습니다.

기다리세요.
좋은 날이 올 것입니다.

또 네가 참고 내 이름을 위하여 견디고 게으르지 아니한 것을 아노라
(계 2:3)

저 별을 보세요
우리를 보고 웃고 있잖아요

가끔은 별을 보세요.
가끔은 도시를 벗어나 시골 하늘을 바라보세요.
별은 우리의 길을 인도합니다. 말없이 우리를 가르칩니다.

동방박사들이 별을 보고 아기 예수를 만났듯이 별들은 우리를 좋은 곳
으로 인도합니다. 별은 빛을 발합니다. 태양처럼 강력하지는 않아도
서로 서로 빛을 발합니다.
별은 모두 웃고 있습니다. 찡그리거나 우는 별은 없습니다. 별을 보고
있노라면 나도 따라 웃게 됩니다.

저녁을 먹고 나면 마당에 멍석을 깔고 매일 별을 바라보았습니다.
온통 하늘이 별천지입니다. 은하수가 하얀 강을 이루고 별들은 대화의
광장을 펼칩니다. 지금도 앞이 캄캄할 때면 어릴 적 멍석 위에서 보았
던 별들을 생각합니다.
그러면 어김없이 그 별들은 지금도 나를 찾아와 말해 줍니다.
너도 나처럼 빛나라고요.

달과 별들로 밤을 주관하게 하신 이에게 감사하라
그 인자하심이 영원함이로다
(시 136:9)

비가 참 시원하게
쏟아지네요

비오는 날, 두 사람이 나란히 걸어갑니다.
한 사람은 이렇게 말했습니다.
"비도 더럽게 많이 오네."
또 한 사람은 이렇게 말했습니다.
"비가 참 시원하게 쏟아지네."
바람 부는 날, 두 사람이 나란히 걸어갑니다.
한 사람은 이렇게 말했습니다.
"바람도 더럽게 많이 부네."
또 한 사람은 이렇게 말했습니다.
"바람이 참 시원하게 부네."
무슨 차이가 있을까요? 똑같은 환경 속에서 무슨 차이가 있을까요?
한 사람은 더럽게 지겨운 세상에서 죽지 못해 살 것이고, 한 사람은 참
시원한 세상에서 기쁘게 살 것입니다.

두 사람을 따라가서 확인해 보세요. 결과는 너무나 당연합니다.
비가 내리나요? 바람이 부나요? 안개가 끼었나요? 함박눈이 쏟아지
나요?
시원하다고 하세요. 그러면 시원한 인생이 됩니다.

온순한 혀는 곧 생명 나무이지만 패역한 혀는 마음을 상하게 하느니라
(잠 15:4)

좋은 계획 세우셨어요?

계획을 세우고 하는 일과 닥치는 대로 마구 하는 일은 결과에 있어서
큰 차이가 있습니다.

계획을 세우고 일을 하면 불필요한 일을 하지 않게 되어서 그만큼의
시간이 절약됩니다. 그러나 닥치는 대로 마구 하다보면 일은 많이 한
것 같은데 막상 결산을 해보면 별로 한 일이 없습니다. 하루의 일과를
시작하기 전에 오늘 해야 할 일들을 기록하고, 계획을 세워 하면 초과
달성까지 가능합니다.

한 주일의 계획, 한 달의 계획, 1년의 계획, 평생의 계획을 세우세요.
사람의 일평생 가운데 아무 의미 없이 버려지는 시간이 얼마나 될까요?
아마 어림잡아도 10년은 되지 않나 생각합니다.

"좋은 계획 세우셨나요?"
아직 안 세우셨으면 지금이라도 세워보세요.

그러므로 우리는 다른 이들과 같이 자지 말고
오직 깨어 정신을 차릴지라
(살전 5:6)

새 구두 신고 오셨네요

관찰력을 기르세요.

주변의 변화에 반응을 보이세요.

너무 무감각한 것도 병입니다.

아내가 헤어스타일을 바꾸어도 전혀 모르고, 남편의 바짓가랑이가 터져도 모른다면 문제가 있습니다.

라일락이 흐드러지게 피어도 느낌이 없고, 넝쿨장미가 담장을 휘감아 돌아도 무감각하다면 중병입니다.

조금만 우리의 감각을 손질하고 닦아내면 언제나 새로운 활력이 넘칩니다. 아직도 흰 눈이 채 녹지 않고 매서운 바람이 얼굴을 때려도 바람 없는 양지 녘엔 어느새 새싹이 얼굴을 내밉니다. 얼마나 반가운 손님인가요?

주위에 누군가 새 구두를 신고 오셨나요? 한마디 하세요.

"예쁜 다리에 새 구두라 참 잘 어울리십니다."

그러므로 무엇이든지 남에게 대접을 받고자 하는 대로
너희도 남을 대접하라 이것이 율법이요 선지자니라
(마 7:12)

좋은 일 있으신가 봐요

기쁨을 같이 하면 두 배가 되고, 슬픔을 같이 하면 절반으로 줄어든다는 말이 있습니다.
좋은 일도 마찬가지입니다. 좋은 일을 만드세요. 좋은 일이 내게 다가오기를 기다리지 말고, 좋은 일을 스스로 만들어 보세요.

시골 동네 뒷산에는 찰흙이 나는 언덕이 있었습니다. 바위틈에 빨간 찰흙이 끼어 있었습니다. 나뭇가지로 파내면 이내 한 주먹이 됩니다. 얼마나 부드럽고 잘 뭉쳐지는지 모릅니다. 이것으로 구슬을 빚어 구슬치기도 하고, 토끼도 만들고 사람도 만들었습니다. 시간 가는 줄도 모를 정도로 재미있습니다. 귀가 큰 토끼, 코가 큰 코끼리, 목이 긴 기린, 밥그릇, 국그릇, 빚는 대로 만물상이 됩니다. 그러나 만들지는 않고 꼭 심술을 부려서 망쳐놓는 친구도 있습니다.

좋은 일을 만드는 사람이 있습니다. 이 모양 저 모양으로 만들기를 좋아하는 사람이 있습니다. 그러나 만들어 놓은 좋은 일을 망치는 사람도 있습니다.
만드세요. 좋은 일을 많이 만드세요.

우리가 들은즉 너희 가운데 게으르게 행하여 도무지 일하지 아니하고
일을 만들기만 하는 자들이 있다 하니
(살후 3:11)

기도하면 되잖아요

이런 복음송 가사가 있습니다.

"기도 할 수 있는데 왜 걱정하십니까?
기도하면서 왜 염려하십니까?"

그렇습니다. 기도하면 됩니다.
열 번 걱정하는 것보다 한 번 기도하는 것이 더 낫다고 합니다.
이 세상에 걱정 없는 사람이 어디 있겠습니까? 어느 개인이나 가정을
막론하고 염려 없는 곳이 어디 있겠습니까? 누구나 걱정과 근심은 배
우지 않아도 잘합니다. 그러나 기도는 잘하지 않습니다. 절박한 순간
이나 막다른 곳에 이르러서야 기도의 무기를 사용하려고 합니다. 기도
는 마지막 순간에만 사용하는 무기가 아닙니다. 오이를 자를 때도 칼
을 쓰고, 과일을 깎을 때도 칼을 사용하듯이 기도는 일상생활의 모든
면에서 사용해야 합니다.

기도하세요.
"기도하면 되잖아요."

너는 내게 부르짖으라 내가 네게 응답하겠고
네가 알지 못하는 크고 은밀한 일을 네게 보이리라
(렘33:3)

한 번 더 도전해 보세요

마지막 고비에서 포기함으로써 실패로 막을 내리는 사람이 있습니다. 몇 번만, 아니 한 번만 더 시도했더라면 이룰 수 있는 일을 놓쳐버리는 결과가 됩니다.

독수리 한 마리가 덫에 걸렸습니다. 독수리는 이 덫에서 벗어나기 위해 힘차게 날아올랐습니다. 그러나 덫에 묶여진 끈은 독수리를 날지 못하게 했습니다. 또다시 거듭거듭 안간힘을 다해 날아오르려 했으나 그때마다 실패만 거듭거듭 할 뿐이었습니다. 그러나 독수리의 발버둥으로 끈은 거의 끊어져 있었습니다. 이제 한두 번만 더 시도하면 끈은 끊어지고 독수리는 푸른 창공을 향해 날아오를 수 있었습니다.
그렇지만 독수리는 포기하고 말았습니다.
한 번만 더 날아오르면 자유의 몸이 되는데도 지금까지 안되었던 경험 때문에 포기하고 말았습니다.

지치셨나요?
한 번 심호흡을 하고, 다시 한 번 더 날아보세요.

우리가 선을 행하되 낙심하지 말지니
포기하지 아니하면 때가 이르매 거두리라
(갈 6:9)

하나님께서
도와주실 거예요

누가 도와주는 것이 가장 큰 힘이 될까요?
부모의 도움, 스승의 도움, 사장의 도움, 대통령의 도움, 이 모두가 큰
힘이 될 것입니다.

그 중에서도 일국의 대통령이 직접 나를 도와준다면 천하에 두려울 것
이 없을 것입니다.
그러나 설령 대통령이 우리 아버지라고 할지라도 정말 필요한 도움은
주지 못합니다. 생명을 책임져 주지 못합니다. 내일을 인도해 주지는
못합니다. 사고와 질병과 재난을 막아주지 못합니다.

사람이 사람을 돕는 것은 한계가 있습니다.
자기 자신도 도움을 받고 사는 부족한 존재이기 때문입니다.

하나님의 도우심을 받으세요.
하나님이 도우셔야 홍해가 갈라지고, 반석에서 샘이 넘쳐흐릅니다.

야곱의 하나님을 자기의 도움으로 삼으며
여호와 자기 하나님에게 자기의 소망을 두는 자는 복이 있도다
(시 146:5)

당신과 마주 앉으면
편안해요

마주 앉으면 편안한 사람이 있습니다.
특별한 이야깃거리가 없어도 부담 없이 편안한 사람이 있습니다.
마주 앉으면 불편한 사람이 있습니다.
될 수 있으면 빨리 헤어졌으면 하는 사람이 있습니다.

저만치 멀리 떨어져 있어도 소리쳐 불러 세워서 몇 마디라도 나누고
싶은 사람이 있습니다. 내가 있는 쪽으로 오고 있어도 못 본 척 슬쩍
피해서 만나고 싶지 않은 사람도 있습니다.
잘나서도 아니고 말솜씨가 있어서도 아닙니다. 특별히 나에게 잘해 주
는 것이 있어서도 아닙니다. 그러면 과연 무엇일까요? 무엇이 편안하
게 하고, 불편하게도 할까요?

진실이라고 생각합니다.
가식 없는 순수함이 주는 선물이라고 생각합니다.
편안한 사람이 되세요.

그런즉 거짓을 버리고 각각 그 이웃과 더불어 참된 것을 말하라
이는 우리가 서로 지체가 됨이라
(엡 4:25)

위를 바라보세요

사람은 위를 보고 살도록 지어졌습니다.

동물의 머리는 모두 땅을 향해 지어졌지만 사람은 위를 바라보도록 창
조되었습니다. 산을 오르는 자는 위를 보고 오릅니다. 성공하는 사람
은 모두 위를 보고 나아가는 사람입니다.

멧돼지 한 마리가 몹시 배가 고팠습니다. 그날따라 아무리 헤매도 토
끼 한 마리 보이지 않았습니다. 기진맥진한 상태에 이르러 땅에 떨어
진 과일 하나를 발견했습니다. 얼마나 맛이 있는지 허겁지겁 먹어 치
웠습니다. 힘이 생기고 눈도 밝아졌습니다. 더 먹고 싶었습니다. 그래
서 땅을 팠습니다. 땅에서 발견했으니 땅속에 있는 줄 알았습니다. 그
러나 아무리 파고 또 파도 과일은 없었습니다. 발이 모두 부르터서 피
가 나고 주둥이도 엉망이 되었습니다. 기진맥진한 멧돼지는 그만 벌렁
드러눕고 말았습니다.

그러나 이게 웬일입니까? 그렇게 찾아 헤맸던 과일들이 나무 위에 셀
수도 없이 많이 매달려 있었습니다. 한 번만 들이받았더라도 몇 개는
땅에 떨어졌을 텐데 이제는 일어날 힘조차 없게 되고 말았습니다.

위의 것을 생각하고 땅의 것을 생각하지 말라
(골 3:2)

욥을 생각하세요

우리에게는 모델이 있습니다.

믿음의 모델은 아브라함이요, 순종의 모델은 이삭입니다. 용서의 모델은 요셉이요, 온유의 모델은 모세입니다.

우리의 믿음이 약해지고 걷잡을 수 없는 분노가 일어날 때에 모델을 바라보아야 합니다. 용서하기 힘들 때는 요셉을 생각해야 하고, 교만이 나를 주장할 때는 모세를 떠올려야만 합니다. 고난이 나를 떠나지 않을 때는 역시 욥을 생각해야 합니다. 아무리 내가 당하고 있는 환난이 크다 해도 욥만큼이야 되겠습니까? 내게 있는 모든 것이 사라져 갔다 해도 욥만큼이야 되겠습니까? 시련의 한복판에 서서 욥을 바라보세요. 욥 뒤에 서 계시는 예수님을 볼 수 있습니다. 예수님은 욥보다 더 큰 시험과 고난을 당하셨기에 우리의 고난을 이해하십니다.

모델을 바라보세요.

너희가 참음은 징계를 받기 위함이라
하나님이 아들과 같이 너희를 대우하시나니
어찌 아버지가 징계하지 않는 아들이 있으리요
(히 12:7)

억지로라도 해 보세요

억지로라도 해야 할 일들이 많습니다.
좋은 일은 대부분 억지로 해야 할 경우가 많습니다.

공부가 하기 좋아서 합니까? 해야 하니까 억지로라도 하는 것이지요.
군대가 좋아서 갑니까? 나라를 지키고 자유를 유지해야 하기에 억지
로라도 가는 것입니다.
훈련이 즐거워서 합니까? 유사시에 임무를 수행할 수 있는 능력을 길
러야 하기에 힘들어도 억지로 하는 것입니다.
약이 좋아서 먹습니까? 병이 낫기 위해서 억지로라도 먹는 것입니다.
수술이 좋아서 합니까? 생명을 살려야 하기에 힘들어도 하는 것입니다.
하기 싫어 꾀가 나는 일들이 있습니까? 자꾸 미루고 싶은 일들이 있습
니까? 억지로라도 해 보세요.

시작이 반이라는 말이 있듯이 일단 시작하면 해 낼 수 있을 것입니다.
자! 팔을 걷어붙이고 외쳐 보세요.
"파이팅!"

나가다가 시몬이란 구레네 사람을 만나매
그에게 예수의 십자가를 억지로 지워 가게 하였더라
(마 27:32)

좋은 약은
입에 쓰잖아요

좋은 약은 입에 씁니다.
좋은 일은 하기 힘듭니다.

나쁜 것들은 가만있어도 잘 되는데 좋은 것들은 힘쓰고 애써야 가능합니다. 희생이 따라야 하고 손해가 따라야 됩니다.
몸을 상하게 하는 음식들은 맛이 좋습니다. 사탕도, 초콜릿도, 콜라도 맛있고 시원합니다. 그러나 몸에 유익한 음식들은 맛도 없고 먹기도 힘듭니다. 사람은 서면 앉고 싶고, 앉으면 눕고 싶어집니다.
말을 타면 이제는 종을 부리고 싶어집니다. 소의 고삐를 길게 해주면 남의 밭에 들어가 농사를 망쳐 놓습니다.

고삐를 조이세요.
힘든 일이라도 감당하세요.
좋은 약은 입에 쓰듯이 힘든 일들을 통해서 큰 축복이 주어질 것입니다.

하나님은 아프게 하시다가 싸매시며
상하게 하시다가 그의 손으로 고치시나니
(욥 5:18)

몰라보게
날씬해 지셨군요

정부에서 '범죄와의 전쟁'을 선포한 이후로 '전쟁'이라는 단어가 자주
등장했습니다.
'입시와의 전쟁', '육체와의 전쟁'이 나오더니 얼마 전에는 '살과의 전쟁'
이라는 드라마가 있었습니다.
살이 풍성하다는 이유로 이웃은 물론 가족과 심지어는 어린 딸로부터
심한 모욕을 당한 중년 부인이 드디어 '살과의 전쟁'을 선포하고 이를
악물고 애쓰는 가운데 일어나는 사건들을 엮은 드라마였습니다.
웃을 수도, 울 수도 없는 '전쟁 중의 전쟁'이었습니다.
이처럼 날씬해진다는 것이 얼마나 비중이 큰지 모릅니다.

주위에 날씬해져 보이는 분이 계십니까?
날씬해졌다고 말해 주세요.
기분 좋게 되는 일인데 인색할 필요가 없지 않을까요?
좋은 말은 해서 좋고, 나쁜 말은 참아서 좋습니다.

지혜 있는 자의 혀는 지식을 선히 베풀고
미련한 자의 입은 미련한 것을 쏟느니라
(잠 15:2)

새 소리가
아름답군요

새 소리가 아름답게 들리면 걱정할 것이 없습니다.
정서가 있고 여유가 있다는 증거입니다.
남들은 새 소리가 들린다고 하는데 내겐 들리지 않는다면 걱정입니다.

새 소리가 아름답다고 하는데 시끄럽게 들려도 걱정입니다.
마음의 병이 있다는 신호입니다. 새 소리에 귀를 기울이세요. 풀벌레
소리에 마음을 쓰세요. 나뭇가지를 스쳐 가는 바람소리를 들으세요.
창가에 속삭이는 빗소리를 들으세요. 텔레비전 소리, 자동차의 경적
소리만이 우리의 귀를 때린다면 얼마나 삭막한 삶입니까?
새는 도시에도 날아듭니다. 귀뚜라미는 서울의 창가에도 콘서트를 엽
니다. 나뭇가지를 스치는 바람소리는 공장 지대에도 들립니다. 얼마만
큼 마음의 귀를 열어 놓느냐가 열쇠입니다.

귀를 기울여 보세요.
작은 소리들을 들으세요.

여호와여 주께서 하신 일이 어찌 그리 많은지요
주께서 지혜로 그들을 다 지으셨으니
주께서 지으신 것들이 땅에 가득하니이다
(시 104:24)

구름이 하늘에
그림을 그리고 있어요

하늘에 그림을 그려보세요.
종이에는 작은 그림밖에 그리지 못합니다.
넓고 넓은 하늘을 캔버스로 해서 그림을 그리세요. 꿈을 그리세요.

어릴 적 뒷동산에 자주 올랐습니다. 잔디밭에 팔베개를 하고 누우면 구름이 그림을 그립니다. 코끼리를 그리다가 이내 양을 또 그려내고 독수리를 그리는가 싶으면 한국 지도를 그려냅니다. 용을 그리고 세계 지도를 그립니다. 구름은 미술을 전공했나 봅니다.
시간 가는 줄 모르게 나도 따라 그림을 그리다 보면 구름은 물감을 바꿉니다. 온통 붉은 색으로 그림을 그립니다. 초록색 산을 검게 칠해 놓고는 하얀 구름을 붉은 물감으로 바꿔 놓습니다. 넓고 또 넓은 하늘에 장엄하고 황홀한 절경을 그려 놓습니다. 한쪽에는 초승달을 올려놓고 사이사이에 별을 박아 놓습니다.
황홀함에 가슴이 메어지는 순간이 오면 어머니의 목소리가 꿈을 깨우고 맙니다.

"길상아~ 저녁 묵어라!"

하늘이 하나님의 영광을 선포하고
궁창이 그의 손으로 하신 일을 나타내는도다
(시 19:1)

천둥이 쳐도
무섭지 않아요

아주 어렸을 때의 일은 기억하지 못한다고 합니다.

제가 기억하고 있는 가장 어렸을 때의 기억은 천둥소리에 놀라 울었던 기억입니다. 세차게 쏟아지는 소나기가 막 지나고 햇빛이 구름 사이로 얼굴을 내미는 순간 돌담에 핀 나팔꽃이 예뻐 보였습니다. 장독을 기어올라 가까스로 한 손을 돌담에 짚고 나팔꽃을 꺾으려는 순간이었습니다. 갑자기 번쩍하며 눈앞에 섬광이 스치는 동시에 "우르르 쾅!" 하고 천둥이 쳤습니다. 얼마나 소리가 컸던지 장독이 깨어지고 돌담이 무너져 내리는 줄 알았습니다. 균형을 잃고 나뒹굴어 떨어져 울었습니다. 할머니가 달려오셔서 달래셨지만 그날 이후로 천둥이 치면 무서웠습니다.

몇 년이 지나 주일학교에 갔습니다. 비오는 날 선생님이 물었습니다.
"천둥이 치면 무서운 어린이는 손들어 보세요."
그래서 얼른 손을 들었습니다. 선생님은 이렇게 말해 주셨습니다.
"하나님 아버지가 '나 여기 있으니 걱정 말아라.' 하고 우리에게 소리치시는 거야."
그날 이후로는 천둥이 쳐도 무섭지 않았습니다. 오히려 마음이 든든해졌습니다.

천 명이 네 왼쪽에서, 만 명이 네 오른쪽에서 엎드러지나
이 재앙이 네게 가까이 하지 못하리로다
(시 91:7)

꽃잎에 맺힌 이슬이
진주 같아요

며칠 전, 새벽기도를 마치고 집으로 돌아오다 눈이 번쩍 뜨였습니다.
아파트 단지 잔디밭에 민들레가 백발이 되어 막 떠오르는 아침 햇살의
역광을 받아 눈부시게 빛나고 있었습니다. 한두 송이도 아닌 수십 송
이가 흐드러지게 피어 마음을 설레게 했습니다. 뛰다시피 집으로 들어
와 카메라를 챙겼습니다. 필름을 넣고, 삼각대를 받치고, 마이크로 렌
즈에 접사링을 떨리는 손으로 장착하여 쏜살같이 달려 내려갔습니다.
햇살이 돌아가기 전에 찬스를 포착해야 하기 때문입니다.

잔디밭에 엎드려 민들레 높이로 몸을 엎드리고 핀트를 맞추어 파인더
로 들여다 본 백발의 민들레는 황홀함 그 자체였습니다. 순백의 결정
체, 깃털 같은 우산 끝에 붙어있는 씨앗들, 이제 바람이 불면 이 씨앗
들은 어디든 날아갈 것입니다. 부잣집 정원에도, 가난한 사람의 창가
에도, 그리고 병실 옆에도 날아가 "나를 보고 힘을 내세요." 하고 꽃을
피울 것입니다.

새벽엔 신비가 있습니다.
풀잎에는 진주보다 영롱한 이슬이 맺혀 있습니다.
새벽을 놓치지 마세요. 응답도, 신비도 새벽 속에 있습니다.

비파야, 수금아, 깰지어다 내가 새벽을 깨우리로다
(시 108:2)

팔베개를 하고
하늘을 쳐다보세요

하늘은 사람에게 소망을 줍니다.

사람이 땅을 내려다보면 한숨이 나오지만, 하늘을 올려다보면 심호흡이 나옵니다.

가끔은 야외로 나가세요. 산을 보세요. 들을 보세요. 그리고 하늘을 보는 것도 빼놓지 마세요. 가능하다면 얼마동안이라도 팔베개를 하고 하늘을 쳐다보세요. 근심은 어느새 사라지고 기쁨이 찾아올 것입니다.

좋은 것들은 하늘에서 내려옵니다. 비도 하늘에서 내려오고, 만물의 열매를 맺게 하는 햇빛도 하늘에서 내려옵니다.

동구 밖 냇가에 큰 느티나무가 있었습니다. 얼마나 큰지 친구들 셋이서 팔을 이어야 한 바퀴가 돌아갑니다. 다람쥐 다음으로 나무를 잘 탔기 때문에 나무 위에 올라가 Y자로 갈라진 가지에 새끼줄을 이리저리 걸쳐서 침대를 만들고 누워서 나뭇잎 사이로 하늘을 쳐다보곤 했습니다. 매미를 벗 삼아 콧노래를 불렀습니다.

하늘을 쳐다보세요.

하늘은 좋은 것을 내려줍니다.

온갖 좋은 은사와 온전한 선물이 다 위로부터
빛들의 아버지께로부터 내려오나니
그는 변함도 없으시고 회전하는 그림자도 없으시니라
(약 1:17)

생각이 깊으시군요

깊은 샘에서 솟아나는 샘이 맛이 좋습니다.
뿌리 깊은 나무의 열매가 풍성합니다. 깊은 계곡에 핀 꽃이 더욱 청아
합니다. 뱃속 깊은데서 뿜어 올라오는 노래 소리에 청중은 감격합니
다. 깊은 고뇌와 사색을 통해서 나온 말들이 명언이 되어 세월이 흘러
도 교훈이 됩니다.

지금은 인스턴트^{instant} 시대입니다. 모든 것이 즉석에서 이루어집니다.
사진도 17분이면 OK입니다. 그래도 성이 안차서 폴라로이드 카메라
로 찍어서 찍자마자 사진을 봅니다. 이러한 일들이 현대인들에게 인내
를 뺏고 조급한 성격으로 만들어 버렸습니다. 기다림이 좋습니다. 필
름을 맡겨 놓고 며칠을 기다리며 기대했던 설렘이 좋습니다. 장작불에
오래 뜸을 들이며 침을 삼키는 기다림이 좋습니다. 컵라면에 햄버거로
순식간에 해결해 버리는 오늘의 현실이 우리에게 멋과 맛을 빼앗아 가
버렸습니다.

생각을 깊게 하세요.
오래된 장맛이 좋듯이 오래 걸려 얻는 행복이 값지고 오래 갑니다.

인내를 온전히 이루라 이는 너희로 온전하고 구비하여
조금도 부족함이 없게 하려 함이라
(약 1:4)

어머! 첫눈이에요!

도시인 중에는 눈을 싫어하는 사람이 많습니다.

삭막한 도시일수록 자연의 신비로움이 더 좋아야 하는데 걱정부터 먼저 하게 됩니다. 교통이 막히고 내 소유물인 승용차도 빨리 상하기 때문입니다. 물론 도시에 내리는 눈은 불편한 점도 많습니다. 교통 체증의 짜증도 그렇지만 이내 눈이 더럽혀져서 더 지저분한 거리가 되기 때문입니다.

그러나 정서마저 자동차 바퀴에 깔아버리지 마세요. 내리는 눈을 즐기세요. 동심으로도 돌아가 보세요. 데이트라도 신청해 보세요. 멋진 영화라도 한편 보세요.

내가 싫어하든, 불평하든 눈은 내립니다.

현실은 중요합니다. 먹고 사는 일이 낭만보다는 우선이라고 해도 틀린 말은 아닙니다. "분위기가 밥 먹여 주냐?" 라고 해도 할 말은 없습니다. 그렇지만 적어도 먹고 사는 일 때문에 겨울의 하얀 손님을 미워할 정도라면 자신이 무엇 때문에 살고 있는지 한 번쯤은 생각해 보아야 할 것입니다.

하나님이 모든 것을 지으시되 때를 따라 아름답게 하셨고
또 사람들에게는 영원을 사모하는 마음을 주셨느니라
그러나 하나님이 하시는 일의 시종을 사람으로 측량할 수 없게 하셨도다
(전 3:11)

알뜰하시기도 해라

예전에는 몽당연필이 많았습니다.

짧아서 손에 잡을 수 없는 연필을 붓 뚜껑이나 빈 볼펜 끝에 꽂아서 글을 썼습니다. 가난해서도 그랬지만 그것이 일상화되어서도 그랬습니다. 그러나 요즘은 그런 모습을 찾아보기 힘듭니다. 물질적 풍요로움도 원인이겠지만 정신적 풍요가 더 앞서지 않나 생각합니다.

지우개만 해도 얼마나 종류가 많은지 모릅니다. 각종 동물 모습을 비롯해 없는 모양이 없습니다. 지우개만 수집해도 웬만한 진열장을 채울 것 같습니다.

아파트 단지 한쪽에 폐품을 내다버리는 코너가 있습니다. 아직도 멀쩡한 책상, 못만 하나 박으면 쓸 수 있는 의자도 많습니다. 그런 것을 내다버리는 사람도 있지만 또 닦고 손질해서 유용하게 사용하는 사람들도 있습니다.

알뜰하게 사세요.

알뜰은 미덕이요, 곧 애국입니다.

자기의 집안 일을 보살피고 게을리 얻은 양식을 먹지 아니하나니
그의 자식들은 일어나 감사하며 그의 남편은 칭찬하기를 덕행 있는 여자가 많으나
그대는 모든 여자보다 뛰어나다 하느니라
(잠 31:27–29)

항상 사진이
예쁘게 나오시네요

사진발이 잘 받는 얼굴이 있습니다.
카메라 앞에만 서면 딱딱하게 굳어버리는 것이 일반적인데, 자연스럽게 포즈를 잘 취하는 사람도 있습니다.

늘 불만스러운 것이 하나 있습니다. 실물이 별 것 아니면 사진이라도 잘 나와 주면 좋을 텐데 실물과 사진이 합작해서 마음에 드는 사진이 별로 없습니다. 그래서 찍히는 재미보다는 찍는 재미에 사진을 찍습니다. 옛날 흑백사진은 더 재미있었습니다. 암실에서 희미한 붉은 전구만 켜놓고 인화를 합니다. 인화지에 빛을 쪼인 후, 약품에 인화지를 담그면 사람이 생겨납니다. 먼저 짙은 부분부터 살아납니다. 눈썹이 그려지고 콧구멍이 두 개 뻥 뚫리고 머리카락이 살아나면서 서서히 사람이 완성되어 갑니다. 어둠 속에서의 또 하나의 창조입니다.

사진을 보실 때가 많으시죠?
예쁘게 나왔다고 말해 주세요.
마음도 따라서 예뻐질 테니까요.

선한 말은 꿀송이 같아서
마음에 달고 뼈에 양약이 되느니라
(잠 16:24)

언제 이렇게
준비하셨어요?

준비가 잘된 행사는 재미도 있고 의미도 있습니다.

준비가 잘된 식사는 맛도 있고 건강에도 좋습니다. 준비를 잘하는 사람은 성공과 가장 가까운 위치까지 와 있는 사람입니다. 준비는 생각이 있어야 할 수가 있습니다. 정성이 있어야 가능합니다. 준비를 한다는 것은 이미 하고자 하는 일의 절반은 이룬 것입니다. 작은 일이라도 차근차근 잘 준비하는 습관을 가지세요. 큰일이 주어져도 해 낼 수가 있습니다.

슬기로운 다섯 처녀는 여분의 기름까지 준비했습니다. 미련한 다섯 처녀와 약간의 차이입니다. 여분의 기름을 조금 더 준비한, 한 번 더 생각한 작은 차이였습니다.

그러나 결과는 너무나 다르게 나타났습니다. 식사 자리에 초대 받으셨나요? 준비한 분에게 말해 주세요.

"언제 이렇게 준비하셨어요?"

이러므로 너희도 준비하고 있으라
생각하지 않은 때에 인자가 오리라
(마 24:44)

아이디어 뱅크시군요

아이디어 뱅크가 되세요.
돈을 저축해 놓고 살면 여유가 있듯이 아이디어가 저축되어 있으면 삶이 풍성해집니다.

어려운 일이 있을 때, 아이디어 뱅크에서 해결안을 인출할 수 있습니다. 답답하고 어찌할 줄 모를 때도 아이디어 뱅크에 카드를 넣고 비밀번호를 눌러 실마리가 척척 나오면 얼마나 좋을까요? 은행에서 돈을 찾아 쓰려면 먼저 돈이 들어가 있어야 합니다. 아이디어 뱅크에서 기발한 아이디어를 꺼내 쓰려 해도 아이디어가 저축되어 있지 않으면 꺼내 쓸 수가 없습니다. 남의 통장을 아무리 넘겨다봐도 소용없는 일입니다.

아이디어 뱅크가 되는 비결은 생각이 깊어야 합니다. 자연을 사랑하고 창조의 신비를 깨달아야 합니다. 클래식 음악을 즐겨 들어야 합니다. 사랑할 줄 알아야 합니다. 감정이 풍부해야 합니다. 그러나 무엇보다도 첫 번째는, 성경을 많이 읽고 진리를 깨달아야 합니다.

아이디어 뱅크가 되어서 많은 사람들에게 대출해 주세요.

모든 성경은 하나님의 감동으로 된 것으로
교훈과 책망과 바르게 함과 의로 교육하기에 유익하니
(딤후 3:16)

당신 차에 타면
마음이 편안해요

운전은 인격이라고 했습니다.

운전 습관을 보면 성격도 알 수 있고, 교양도 알 수 있습니다. 참을성이 있는지, 양보심이 있는지, 준법정신이 어느 정도인지, 위기 상황 때 대처하는 순발력이나 침착성이 있는지, 여러 가지를 알 수 있습니다. 옆에 앉으면 마음이 편안한 운전이 있습니다. 계기판을 보면 상당한 속도로 달리는데도 불안하지가 않습니다. 차선을 바꾸거나 추월을 해도 불안이 없습니다. 창밖으로 시선을 돌려 스쳐 지나가는 풍경에 도취될 수 있습니다.

때로는 불안한 여행도 있습니다. 장거리가 아닌데도 불안하고 시간이 안 갑니다. 속도를 조금만 높여도 안전벨트를 조여 매고, 차선을 바꾸면 조마조마하고, 추월을 하면 불안해집니다. 온몸에 힘이 들어가고 특히 두 발을 앞으로 버티고 얼마나 힘을 주는지 모릅니다. 창밖에 꽃이 피었는지 시냇물이 흘러가는지 그런 것을 볼 여유가 없습니다.

편안한 분 옆 좌석에 앉으셨나요? 한 말씀 해 주세요.

"당신 차에 타면 마음이 편안해요."

평안을 너희에게 끼치노니 곧 나의 평안을 너희에게 주노라
내가 너희에게 주는 것은 세상이 주는 것과 같지 아니하니라
너희는 마음에 근심하지도 말고 두려워하지도 말라
(요 14:27)

너를 친구로 사귀게 된 것이
자랑스럽다

좋은 친구는 금보다도 귀합니다.

좋은 친구가 내 주위에 있다면 행복한 사람입니다. 그동안 많은 친구들이 스쳐 지나갔습니다. 물장구 치고 가재를 잡던 시절의 소꿉친구들, 새끼줄을 둘둘 말아 공을 찼던 초등학교 시절의 개구쟁이 친구들, 서울로 올라와 보니 얼굴이 하얗고 공부도 잘하는 도시의 친구들, 순식간에 지나가 버린 캠퍼스의 친구들, 어렴풋이 얼굴만 기억되는 친구들도 있고, 지금까지 연락이 되는 친구들도 있습니다.

그 친구들 중에 자랑스러운 친구가 얼마나 있는지 생각해 봅니다.
그 친구들에게 내가 자랑스러운 친구가 되어주었는지도 생각해 봅니다.
몇 명의 친구가 나를 자랑스러운 친구로 생각해 줄지 도무지 자신이 없습니다.
좋은 친구가 있습니까? 다이얼을 돌리세요.

"너를 친구로 사귀게 된 것이 자랑스럽다."

기름과 향이 사람의 마음을 즐겁게 하나니
친구의 충성된 권고가 이와 같이 아름다우니라
(잠 27:9)

그럴만한
사정이 있었겠지

이해의 눈으로 보면 이해 못할 일이 없습니다.

용서의 눈으로 보면 용서 못할 일이 없습니다. '그럴만한 사정이 있었겠지.' 라고 생각하고 이해하면 문제될 것이 없습니다. 일찍 서둘렀는데도 예상 외로 길이 막혀 늦을 수도 있고, 예기치 못한 일이 생겨서 약속을 못 지킬 경우도 있습니다.

사연을 들어보기도 전에 욕을 하거나 자초지종을 알아보기도 전에 결정해 버리면 안됩니다.

모임에 회원 한 분이 늦게 왔습니다. 한 사람 때문에 전체가 늦게 된다고 모두 욕을 했습니다. 그러나 사연을 들어보니 그분이 아니었으면 그날의 행사를 그르칠 뻔 했습니다. 그날 가고자 했던 목적지가 사고로 인해 갈 수 없게 된 장소였기 때문입니다.

그분은 그것을 여러 곳에 연락해서 확인하느라고 늦었던 것입니다.

비판에 앞서 먼저 이해하는 습관을 가지세요.

사연을 듣기 전에 대답하는 자는 미련하여 욕을 당하느니라
(잠 18:13)

참 고마우신 분이야

주위를 살펴보면 고마우신 분들이 많습니다.
불평의 시선으로 돌아보면 한 사람도 안 보이는데 감사의 눈으로 바꾸
어서 둘러보면 고마운 분들이 얼마나 많은지 모릅니다.

얼마 전, 스승의 날 신문에 가슴이 찡한 감동적인 이야기가 실려 있었
습니다. 가난한 선생님 한 분이 늘 낡아빠진 자전거를 타시고 학교를
다니셨습니다. 그래도 그 선생님은 늘 표정이 밝으셨다고 합니다. 다
른 선생님들은 자가용을 타고 오는데 자기 반 선생님은 낡은 자전거를
타시는 것이 안타까워 반 친구들이 선생님 몰래 돈을 모아서 스승의
날에 새 자전거를 선생님께 선물했다는 것입니다.
선물을 받은 선생님이 학생들 앞에서 우셨습니다. 학생들도 눈시울을
적셨습니다. 이 소식을 전해들은 학부모들도 진한 감동을 느꼈다고 합
니다. 긴 가뭄 끝에 단비와도 같은 소식입니다.

고마우신 분들을 찾아 감사의 인사를 하세요.

내게 주신 모든 은혜를 내가 여호와께 무엇으로 보답할까
(시 116:12)

또 오고 싶은 곳이지요?

또 가고 싶은 곳이 있습니다.

또 가도 여전히 또 가고 싶은 곳이 있습니다. 한 번만 가면 다시는 가고 싶지 않은 곳도 있습니다. 시설이 좋아서도 아니고 교통이 편리해서도 아닙니다. 그곳은 어딘지 모르게 정이 가고 마음이 편해서 그런 것 같습니다.

한 번 만나면 또 만나고 싶은 사람이 있습니다. 특별히 나눌 이야기는 없어도 그냥 만나기만 해도 좋은 사람이 있습니다. 또 만나게 될까봐 걱정되는 사람이 있습니다. 특별히 해롭게 하는 것은 없는 것 같은데 피하고 싶은 사람이 있습니다.

산은 가도 또 가고 싶습니다. 설악산을 몇 번 갔는데 또 가고 싶습니다. 지리산도 또 가고 싶습니다. 언제나 말없이 포근하게 나를 받아주기 때문입니다. 계절마다 새로운 모습으로 아무런 요구 없이 그저 묵묵히 맞아줍니다.

사람도, 가게도 산과 같아야 될 것 같습니다.
그래야 또 오고 싶고 또 만나고 싶지 않을까요?

또 그 집에 들어가면서 평안하기를 빌라
(마 10:12)

상쾌한 아침입니다

몇 년을 벼르다 드디어 눈 덮인 겨울 설악을 올랐습니다.

새벽부터 하루 종일 무릎까지 빠지는 눈과 육중한 카메라와 배낭과 싸움을 해가며 대청을 올랐을 때는 석양이 대청봉을 붉게 물들이고 있었습니다. 대청 산장에서 잠을 설치고 새벽에 카메라를 챙겨들고 산장을 나섰습니다. 매서운 바람은 몸을 가누지 못할 정도로 몰아쳤고 바람에 흩날리는 눈이 시야를 가렸습니다. 가지고 간 옷을 모조리 꺼입고 눈만 빠끔히 나오는 털모자를 뒤집어쓰고 대청을 올랐습니다.

술 취한 사람 마냥 이리 비틀 저리 휘청거리며 아무도 없는 비탈을 무엇에 홀린 사람처럼 올랐습니다. 아침을 만나보기 위함이었습니다. 대청의 상쾌한 아침! 아무도 없는 혼자만의 아침! 태양은 동해에서 솟아오르고, 형언할 수 없는 감동은 가슴에서 솟아올랐습니다.

"오! 상쾌한 아침이여!"

"오! 하나님의 오묘하심이여!"

아침을 상쾌하게 시작하세요.

어제의 슬픔이 있다고 하더라도 오늘 아침은 상쾌하게 시작하세요.

내가 주께 감사하옴은 나를 지으심이 심히 기묘하심이라
주께서 하시는 일이 기이함을 내 영혼이 잘 아나이다
(시 139:14)

저녁 노을이
참 아름답군요

저녁노을은 우리를 살맛나게 합니다.

하루를 되돌아보게 합니다. 도시의 저녁노을은 대자연에서보다는 못하지만 그래도 멋이 있습니다. 한강의 저녁노을도 멋이 있습니다.

지리산 100여 리 주 능선에서는 구름이 걷힐 날이 없고, 능선과 계곡에는 비와 눈과 안개가 그칠 날이 없습니다. 이런 대자연의 파노라마 중에서도 최고의 장관이라면 천왕봉 일출과 반야봉 낙조라고 합니다. 천왕봉 일출을 촬영하기 위해 세 번을 올랐으나 실패했고, 반야봉 낙조도 지난해에 도전해 보았습니다. 뱀사골 산장에서 배낭을 풀어놓고 카메라만 집어든 채 허겁지겁 반야봉을 올랐습니다. 지리산 제2의 고봉인 1,751m의 반야봉, 이 봉우리에서 지켜보는 낙조의 경건한 모습, 휘황찬란한 빛을 뿌린 뒤 잿빛 노을 속으로 사라지는 순간, 무한한 감동을 준다는 봉우리입니다.

그러나 그날의 기상 상태는 말이 아니었습니다. 카메라 셔터 한 번 눌러보지 못하고 훗날을 기다리며 내려오고 말았습니다.

그렇지만 제 가슴엔 황금빛 노을이 보입니다.

언제나 기대하며 오늘을 삽니다.

하늘의 하늘도 그를 찬양하며
하늘 위에 있는 물들도 그를 찬양할지어다
(시 148:4)

뭉게구름을 보고 있노라면
희망이 피어오르는 것 같아요

여름 하늘에는 뭉게구름이 피어오릅니다.
더위에 지치고 불쾌지수에 눌려도 뭉게구름을 쳐다보면 피어오르는
구름에 더위도 짜증도 사라집니다. 잔디밭에 팔베개를 하고 뭉게구름
을 쳐다보면 마치 구름 따라 둥둥 떠다니는 느낌을 받습니다. 뭉게구
름은 거품처럼 부풀어 오릅니다. 솜사탕처럼 눈부시도록 아름답게 피
어오릅니다.

뭉게구름에 슬픔을 실어 보세요. 두둥실 저 멀리 날려 버립니다.
뭉게구름에 근심을 실어 보세요. 푸른 하늘 저편으로 날려 버립니다.
뭉게구름에 희망을 실어 보세요. 작은 희망을 부풀려서 온 하늘에 가
득 채웁니다. 뭉게구름에 사랑을 실어 보세요. 내 마음에도 사랑의 뭉
게구름이 두둥실 피어납니다.

도시의 빌딩 숲에서 아래를 쳐다봐야 검은 아스팔트에 덕지덕지 붙은
껌 자국뿐입니다. 위를 보세요. 희망이 보일 것입니다.

오직 여호와를 앙망하는 자는 새 힘을 얻으리니
독수리의 날개치며 올라감 같을 것이요
달음박질하여도 곤비치 아니하겠고 걸어가도 피곤치 아니하리로다
(사 39:31)

꼭 맞춤 같군요

옷이 몸에 잘 맞으면 맵시가 납니다.
옷만이 아니라 무엇이든지 맞으면 보기가 좋습니다. 긴 얼굴에 맞는 모자가 있고 동그란 얼굴에 맞는 모자가 있습니다.

30대 초반에 미국으로 이민 간 친구가 있습니다. 3년 후에 고국에 다니러 나와서 반갑게 만났습니다. 만나보니 얼굴이 많이 달라져 있었습니다. 콧수염을 길게 기르고 나타났습니다. 웃음이 먼저 나왔습니다. 마치 채플린을 보는 것 같이 어색하게 보였습니다. 그러나 사연이 있었습니다.
미국엘 가니 자기보다 새까맣게 어린 녀석들이 통통한 얼굴을 보고 자기를 아이 취급하더라는 것입니다. 그래서 나이를 보여주기 위해 콧수염을 기르기로 하고 서점을 찾았더니 콧수염에 관한 책만 해도 여러 종류가 있더라는 것입니다. 둥근 얼굴에 맞는 콧수염, 피부색에 맞는 콧수염, 눈의 크기에 맞는 콧수염, 코의 높이에 맞는 콧수염, 입모양, 턱 모양에 맞는 콧수염 선택법이 다 따로 있더라는 것입니다.

어울리게 잘 꾸민 사람을 만나셨나요?
잘 어울린다고 말해 주세요.

사람은 그 입의 대답으로 말미암아 기쁨을 얻나니
때에 맞는 말이 얼마나 아름다운고
(잠 15:23)

한복이 잘 어울리네요

한복은 우리의 옷입니다.

한복은 우아합니다. 한복에는 범치 못할 기품이 숨어 있습니다. "우리 것은 소중한 것이여!" 라는 광고가 있듯이 한복은 우리의 소중한 유산 중의 하나임에 틀림없습니다.

청바지가 편리합니다. 캐주얼이 간편합니다. 그래도 한복을 입을 때는 입어야 합니다. 세계 어디에 내 놓아도 우아한 기품과 혼이 담겨 있는 이 한복을 잘 차려입어야 합니다.

한복을 입을 일이 흔치는 않습니다. 불편한 것도 사실입니다. 그래도 입어야 할 때는 입어야 합니다.

우리의 것은 이어가야 합니다. 좋은 전통은 살려 나가야 합니다.

이스라엘 민족은 수천 년이 지나도 유월절을 철저히 지켜나가듯이 우리의 것은 우리가 살려나가야 합니다.

한복을 곱게 차려입은 분을 만나셨나요.

우아하게 한마디 해 주세요.

"한복이 참 잘 어울리네요."

여자들 중에 내 사랑은 가시나무 가운데 백합화 같도다
(아 2:2)

최고의 날이었습니다

누구에게나 최고의 날이 있습니다.
최고의 날이라고 생각하는 기준은 사람에 따라 다소 차이가 있지만 최
고의 날은 역시 좋은 날입니다.

대학 합격이 최고의 날인 사람이 있을 것입니다. 결혼식 날이 최고의
날인 사람도 있을 것입니다. 결혼 한지 10년이 지나서도 아이가 없다
가 천신만고 끝에 첫 아들을 낳은 날이 최고의 날이 된 사람도 있을 것
입니다.
당신의 최고의 날은 언제입니까? 합격? 결혼? 취직? 승진? 올림픽 금
메달? 대통령 표창?….

그러나 최고의 날을 너무 거창하게 잡지 마세요.
하루하루의 평범한 삶속에서 최선을 다한다면 그날그날이 최고의 날
이 될 수 있습니다.

후회 없는 하루! 최선을 다한 하루!
작은 도움을 베푼 하루! 용서하고 관용을 베푼 하루!
작지만 따뜻한 위로의 말을 건네준 하루라면 최고의 날이 됩니다.

낮에는 여호와께서 그의 인자하심을 베푸시고
밤에는 그의 찬송이 내게 있어 생명의 하나님께 기도하리로다
(시 42:8)

기쁨을 찾아보세요
가까이에 있을 것입니다

우리는 너무 큰 것을 좋아합니다.

그래서 웬만한 것은 시시하게 생각합니다. 그 속에 있는 최고의 것을 찾아보려는 노력은 하지 않고 자꾸만 눈을 돌려 더 크고, 더 화려하고, 더 신비하고, 더 황홀한 것들을 찾아 수없이 방황합니다. 그런 사람에게는 언제나 만족이 없고 공허함만이 가슴을 때립니다.

해외여행 붐이 일고 있습니다. 어느 신문을 막론하고 해외여행 광고가 나지 않은 신문이 없습니다. 수없이 몰려나갔다 물 쓰듯 돈을 쓰고 옵니다. 과연 무엇을 배우고, 무엇을 느끼고 돌아왔는지 모르겠습니다.

먼저 가까이에서 찾아보세요. 가슴 벅찬 감동이 가까이에도 수없이 많습니다.

어제 지리산을 올랐습니다. 뱀사골 산장에서 잠을 설치고 아침에 토끼봉을 올랐습니다.

가쁜 숨을 몰아쉬며 봉우리를 딛는 순간, 아! 이 장엄함이여, 봉우리와 봉우리를 휘감아 도는 운해의 장관! 카메라의 렌즈를 바꾸어 낄 여유도 없이 순간순간 달라지는 자연의 드라마, 순식간에 봉우리가 바다에 잠기는가 싶으면 또 다른 봉우리가 불쑥 솟아오르고 천지가 새하얀 구름 속에 아무런 흔적도 없다가 느닷없이 또 다른 모습으로 나타나는 하나님의 솜씨! 가슴도 떨리고, 손도 떨리고, 바위 위에 서

있었지만 다리도 떨렸습니다.

멀리 가지 마세요.
가까이에서 찾아보세요.
주머니 속에서도 행복은 있습니다.

저분은 숨은 일꾼이에요

일꾼은 두 가지가 있습니다.
일도 열심히 하고 칭찬도 많이 듣는 일꾼이 있고, 일은 열심히 하지만 칭찬은 듣지 못하는 일꾼이 있습니다.

앞의 일꾼은 리더적인 일꾼이요, 뒤의 일꾼은 협조적인 일꾼입니다. 이런 분을 숨은 일꾼이라고 합니다. 사람 앞에서는 영광을 받지 못하나 하나님께 칭찬과 인정을 받는 일꾼입니다.
물론 모두 훌륭한 분들입니다. 그러나 드러난 일꾼의 수보다는 숨은 일꾼이 더 많아야 좋은 교회요, 좋은 공동체가 됩니다.
누가는 숨은 일꾼입니다. 바나바도 숨은 일꾼입니다.
실라도 숨은 일꾼입니다. 훌륭한 지도자 옆에는 항상 숨은 일꾼이 있었습니다. 그분들을 굳이 찾아내서 박수를 보낼 필요는 없습니다. 그분들은 사람의 박수를 원치 않았기에 숨은 일꾼이 되었으니까요.
지도력이 있으십니까? 좋은 일꾼이 되십시오.

지도력도 없고 별다른 재능도 없다고 생각하십니까?
그러면 좋은 기회입니다.
숨은 일꾼이 되십시오.

네 구제함을 은밀하게 하라 은밀한 중에 보시는
너의 아버지께서 갚으시리라
(마 6:4)

얼마 안 남았으니
힘내세요

깊은 산엘 가면 사람 만나기가 쉽지 않습니다.

한참을 가야 만납니다. 반가워서 서로 인사를 합니다. 주로 주고받는 인사는 이렇습니다.

"수고하십니다." "반갑습니다."

"어느 쪽에서 올라 오셨나요?"

"얼마 안 남았으니 힘내세요." 등입니다. 그 가운데서도 가장 듣기 좋은 말은 "얼마 안 남았으니 힘내세요."입니다. 힘들고 지쳐서 주저앉고 싶을 때 듣는 이 말은 힘을 솟게 합니다. 그 험한 봉우리를 오르고 또 오르는 것은 바로 이 말의 힘이 아닌가 싶습니다.

복음송 가사처럼 "나의 인생길에서 지치고 곤하여 매일처럼 주저앉고 싶을 때" 이때에 조용히 다가오셔서 내 어깨에 손을 얹으시며 주님은 말씀하십니다.

"힘내거라 내가 너를 도우리라."

"힘내거라 내가 너와 함께 하리라."

> 여호와의 천사가 또 다시 와서 어루만지며 이르되
> 일어나 먹으라 네가 갈 길을 다 가지 못할까 하노라 하는지라
> 이에 일어나 먹고 마시고 그 음식물의 힘을 의지하여
> 사십 주 사십 야를 가서 하나님의 산 호렙에 이르니라
> (왕상 19:7-8)

최후의 승리자가 되세요

시작은 아주 좋았는데 끝이 좋지 않으면 실패한 삶입니다.
시작은 화려했는데 끝이 초라하게 되면 허무한 삶입니다. 스타트는 일
등으로 끊었는데 골인을 꼴찌로 하면 창피한 일입니다.

시작도 잘 해야겠지만 마지막에 더 신경을 쓰세요. 한 해를 어떻게 사
셨나요? 결심도 하고 계획도 많이 했지만 뒤돌아보면 못 다한 일들이
많을 것입니다. 그러나 마지막을 잘 장식하세요. 마무리를 잘 하세요.
인생은 마지막을 놓고 승패를 결정짓습니다. 젊을 때 아무리 화려한
생활을 하고 뭇 사람의 칭송을 한 몸에 받았다 하더라도 노년이 허무
하면 실패한 삶입니다. 젊음을 고난 속에 살고 가난과 눈물을 벗 삼아
살았다 해도 영광스러운 노년을 살았다면 승리자라 할 수 있습니다.

다윗은 고난이 많았으나 최후까지 승리자가 되었습니다. 솔로몬은 영
광이 많았으나 최후의 실패자가 되고 말았습니다.

"최후의 승리자가 되세요."

나는 선한 싸움을 싸우고
나의 달려갈 길을 마치고 믿음을 지켰으니
(딤후 4:7)

내년이 기대 됩니다

잘 달려오셨습니다. 또 하나의 봉우리를 넘으셨습니다. 인생은 수십
개의 봉우리를 넘습니다. 어떤 이는 10여 개의 봉우리에서 가는가 하
면 꽃다운 20개의 봉우리에서 떨어지는 아픔도 있습니다.

올해로 몇 개째의 봉우리를 넘으셨습니까? 하나님의 은혜입니다.
하나님의 사람 모세는 인생의 봉우리가 70이요, 강건하면 80이라고
노래했습니다. 인생의 봉우리는 혼자 넘을 수 없습니다. 하나님의 은
혜로 넘습니다. 나는 몇 개째의 봉우리에서 미끄러질지도 모릅니다.
그러기에 언제나 하나님의 손을 굳게 잡고 가야 합니다.
내년을 기대하세요. 다음 봉우리의 정상에 높이 서서 크게 영광 돌리
는 새해가 되기를 바랍니다.
모든 영광을 하나님께 돌립니다.

"새해에 시온의 대로가 활짝 열리소서! 아멘."
하나님께서는 우리를 향하여 이 말씀으로 권면하십니다.

> 그러므로 우리는 예수로 말미암아 항상 찬송의 제사를
> 하나님께 드리자 이는 그 이름을 증언하는 **입술의 열매**니라 (히 13:15)

> 하나님이여 내가 늙어 백발이 될 때에도
> 나를 버리지 마시며 내가 주의 힘을 후대에 전하고
> 주의 능력을 장래의 모든 사람에게 전하기까지 나를 버리지 마소서
> (시 71:18)

입술의 열매

독이 되는 말

독毒이 되는 한마디

이 세상에서 가장 무서운 것이 무엇일까요?

칼이라고요?

칼은 한사람을 죽입니다.

총은 수십 명을 죽입니다.

핵폭탄은 수만 명을 죽입니다.

그러나 이것들보다 더 무섭고 위력이 강한 것이 있습니다.

말!

그것은 가장 큰 위력을 가지고 있습니다.

한두 사람이 아니라 이 지구상의 인류는 이 말로 인해 죽기도 하고 살기도 합니다. 동네 개구쟁이의 싸움도 말에서 시작합니다. 가정의 싸움, 단체의 싸움, 국가와 국가 간의 싸움도 근원을 따져보면 개구쟁이들의 싸움의 시작과 다를 것이 없습니다. 사소한 말 한마디로 수십만의 생명이 희생되는 전쟁이 일어나기도 하고, 좋은 말로 인해 전쟁의 참화에서 평화의 꽃이 피기도 합니다. 인류 역사는 아담과 하와 이래로 오늘날까지 자신이 뿌린 말의 열매를 자신이 거두어들이는 역사를 되풀이하고 있습니다.

"여호와께서 모세와 아론에게 일러 가라사대 나를 원망하는 이 악한 회중을 내가 어느 때까지 참으랴 이스라엘 자손이 나를 향하여 원망하는 바 그 원망하는 말을 내가 들었노라 그들에게 이르기를 여호와의 말씀에 나의 삶을 가리켜 맹세하노라 너희 말이 내 귀에 들린 대로 내가 너희에게 행하리니 너희 시체가 이 광야에 엎드러질 것이라 너희 이십세 이상으로 계수함을 받은 자 곧 나를 원망한 자의 전부가 여분네의 아들 갈렙과 눈의 아들 여호수아 외에는 내가 맹세하여 너희로 거하게 하리라 한 땅에 결단코 들어가지 못하리라" (민 14:26-30)

그렇습니다. 하나님께서는 우리가 한 말이 하나님 귀에 들린 대로 행하신다고 하셨습니다. 좋은 말을 합시다. 사랑의 말, 위로의 말, 격려의 말, 칭찬의 말, 소망의 말, 긍정적인 말을 합시다.

우리 생활 주변에서 지금껏 가리지 않고 생각 없이 해왔던 수많은 말들 중에서 사람을 살리는 말과 죽이는 말, 해야 할 말과 해서는 안될 말들을 찾아 1년을 매일매일 묵상하며 나 자신을 비추어보는 거울을 삼고자 적어 보았습니다. 한 가정에서 전등 하나를 끄면 수억의 자원이 절약되듯이, 우리 한 사람 한 사람이 매일 좋은 말을 한다면 우리 사회는 얼마나 밝아질까요?

당신의 말 한마디가 살맛나는 세상을 만들 것입니다.

CHAPTER. 5
산삼보다 더 귀한 입술이여

사람은 한평생 몇 마디의 말을 할까?
아마도 수억 번의 말을 할 것이다.
이렇게 많이 휘두른 말에 맞아
몇 명이 경상을 입고, 몇 명이 중상을 입고,
몇 명이 죽었을까?
아니면 내 따뜻한 말 한마디에
몇 명이 소망을 얻고,
몇 명이 용기를 얻고,
몇 명이 천국으로 갔을까?
오호라 두려운 주둥이여!
오호라 산삼보다 더 귀한 입술이여!

뭐 좋은 게 있겠어요?
그날이 그날이지

오늘은 어제와 별로 다를 것이 없습니다. 어제처럼 일어나고, 어제와 같이 아침 먹고, 어제 탔던 차타고 출근하고, 어제 했던 일과 비슷한 일을 오늘도 하고, 또 어제처럼 퇴근해서 저녁 먹고, 텔레비전을 보고 잠을 잡니다. 이렇게 하루, 이틀, 1년, 2년… 그러다 이 땅을 떠나는 허무한 것이 우리들일까요?

아닙니다. 결코 아닙니다.

어제는 어제요, 오늘은 오늘, 내일은 또 다른 희망이 있는 새로운 날입니다. 어떤 눈으로 보느냐, 어떤 생각으로 맞느냐에 따라 어제와 오늘은 같을 수도 있고, 새로울 수도 있습니다.

그리스도인은 언제나 새롭습니다. 새로운 피조물이기 때문입니다. 우리 속에는 그리스도의 영이 있습니다. 그리스도는 언제나 새롭듯이 우리도 새로울 수 있습니다. 오늘이 어려우신가요? 내일을 소망으로 가꾸어 보세요.

모세의 부모는 극한 상황 가운데서도 내일을 희망으로 보았습니다. 바로의 명령을 무서워 아니하였습니다. 그러했기 때문에 반드시 바로의 칼에 죽었어야 할 아이가 이스라엘의 위대한 지도자가 되었습니다.

생각하기에 따라 결과는 엄청나게 다를 수 있습니다.

> 믿음으로 모세가 났을 때에 그 부모가 아름다운 아이임을 보고
> 석 달 동안 숨겨 왕의 명령을 무서워하지 아니하였으며
> (히 11:23)

흥, 그러면 그렇지

무슨 일이나 속단하지 마세요.

그러리라고 미리 짐작해 놓고 그러기를 은근히 바라고 있다가 조금이라도 잘못하는 것 같으면 기다렸다는 듯이 말할 수 있습니다.

"흥, 그러면 그렇지. 내 그럴 줄 알았다."

앞서 계획을 세우는 것은 좋습니다. 그러나 상대방이 내 마음에 맞지 않는다고 좋지 않은 결론으로 시나리오를 미리 써놓고 짐작하며 기다리지 마세요.

나귀를 타고 가는 길손에게 점쟁이가 말했습니다.

"나귀가 방귀를 세 번 뀔 때, 당신은 죽을 것이오."

길손은 처음엔 우습게 생각했으나 나귀가 방귀를 뀌자 불안해졌습니다. 나귀에서 내린 길손은 방귀를 막으려고 작은 돌멩이 하나를 틀어박았습니다.

얼마를 간 후에 나귀가 두 번째 방귀를 뀌자 그 돌멩이는 멀리 날아가 버리고 말았습니다. 안되겠다 싶어 이번에는 커다란 돌로 억지로 틀어막았습니다.

고통을 이기지 못한 나귀가 세 번째 방귀를 뺑하고 뀌는 동시에 길손은 그 돌에 이마를 맞아 죽고 말았답니다.

사울은 다윗을 미워했습니다. 자신의 뒤를 이어 이스라엘을 잘 다스릴 후계자로 보지 못하고, 원수와 대적으로 보았습니다.

다윗이 있는 한, 자신의 왕권에 불안을 느끼고 밤낮으로 죽이려 했습니다. 다윗은 그렇지 않은데 자신만이 나쁜 시나리오를 마음에 써놓고 원수로 속단한 것입니다.

속단하지 마세요.
좋게 생각하세요.

이새의 아들이 땅에 사는 동안은
너와 네 나라가 든든히 서지 못하리라
그런즉 이제 사람을 보내어 그를 내게로 끌어 오라
그는 죽어야 할 자이니라 한지라
(삼상 20:31)

어째 꼬락서니가
그 모양이냐

단정치 못한 모습을 보고 우리는 나쁜 말로 꼬락서니라고 합니다.
이 말은 좋은 의미는 아닙니다. 어렵다보면 못 가꿀 수도 있고, 바쁘다
보면 손질이 덜 될 수도 있습니다. 남의 허물은 덮을수록 좋고, 좋은
일은 소문낼수록 좋습니다.

어릴 적 산골마을 우리 집에 하루도 빠지지 않고 오는 손님이 있었습
니다. 병구라는 이름의 청년 거지였습니다. 우리도 지금 생각하면 거
지처럼 입고 살았지만 그 병구 거지는 초라하기 그지없었습니다. 살이
다 보이는 갈기갈기 찢어진 옷에 온통 흙먼지 투성이의 얼굴과 덥수룩
한 수염을 가지고 있었습니다.

어머니께서 언제나 이 병구의 밥을 따로 준비해서 주셨기 때문에 언제
나 히죽이 웃으며 싸리문을 열고 들어서곤 했습니다. 그럴라치면 개가
짖고 동네 꼬마들이 따라 들어오며 놀려댔습니다.
"병구 꼬락서니 거지 꼬락서니~"
앞뒤로 잡아당기고 밀어붙이며 놀려대도 이 병구 거지는 히죽이 웃기
만 했습니다. 그러던 어느 추운 날, 이 병구 거지는 길가에서 얼어 죽
고 말았습니다.

"병구 꼬락서니 거지 꼬락서니~" 하며 같이 놀려댔던 저는 그때 일을

생각하면 얼마나 후회스러운지 모릅니다.

병구의 모습을 생각하면 더욱 그렇습니다. 길게 늘어뜨린 머리, 덥수룩한 수염, 그 모습은 꼭 성화에 그려진 예수님과 꼭 같기 때문입니다. 혹시 그 병구가 예수님이 아니었을까?

한 부자가 있어 자색 옷과 고운 베옷을 입고 날마다 호화롭게 즐기더라
그런데 나사로라 이름하는 한 거지가 헌데 투성이로 그의 대문 앞에 버려진 채
그 부자의 상에서 떨어지는 것으로 배불리려 하매
심지어 개들이 와서 그 헌데를 핥더라
(눅 16:19-21)

집구석 잘 돼간다

가정은 하나님께서 세우신 축복의 보금자리입니다.
가정이 평안하면 교회와 국가가 평안합니다. 가정이 바로 서면 모든
것은 자동적으로 바로 서게 되고, 가정이 기울면 모든 것이 영향을 받
아 기울어집니다.

가정은 열쇠입니다. 이 열쇠로 무엇을 여느냐가 중요합니다. 사랑의
창고를 여세요. 신뢰의 창고를 여세요. 칭찬과 격려의 창고를 여세요.
불신과 원망의 창고는 꼭꼭 잠그세요.

아무리 한 식구라고 할지라도 모두가 내 뜻대로 되는 것은 아닙니다.
때로는 마음에 맞지 않을 수도 있고 짜증이 날 때도 있습니다. 그러나
이때에도 불평의 창고를 열지 마세요.
"집구석 잘 돼간다."
"집안 꼴 보니 열 받아 못살겠다." 라고 하지 마세요.
끓어오르는 노여움을 가라앉히시고 이렇게 말하세요.

"우리 집은 소망이 있어!"

그가 경건하여 온 집안과 더불어 하나님을 경외하며
백성을 많이 구제하고 하나님께 항상 기도하더니
(행 10:2)

꼴좋다

항상 좋은 일이 있을 수는 없습니다.

때로는 실패하고, 때로는 좌절감을 느낄 때가 있습니다. 우리의 삶을 거친 광야의 삶이라고 비유하듯이 실패와 좌절은 늘 우리 곁에 있을 수 있습니다.

무슨 일에 실패하고 풀이 죽어 들어오는 사람에게 "꼴좋다!" 라고 하지 마세요. 몸을 가누지 못하고 비틀거리는 사람에게 카운터펀치를 먹여 완전히 쓰러지게 만드는 말입니다.

자식을 실패자로 만드는 비결이 있습니다. 계속 "꼴좋다!" 라고 하세요. 꺼져가는 모닥불에 "꼴좋다!" 라는 찬물을 끼얹지 마세요. "후~" 하고 격려의 바람을 불어 넣어주세요. 그 모닥불은 어둠을 밝히고 추위를 녹이는 불길이 될 것입니다.

"너는 할 수 있어."

"이번 실패는 좋은 경험이야." 라고 하세요.

예수님은 배신자 베드로에게 사랑의 격려를 하셨습니다.

그들이 조반 먹은 후에 예수께서 시몬 베드로에게 이르시되
요한의 아들 시몬아 네가 이 사람들보다 나를 더 사랑하느냐…
(요 21:15)

내 그럴 줄 알았다

우리 속사람 안에는 남이 잘되기를 바라는 것보다 잘못되기를 은근히
바라는 빈방이 하나 있는 것 같습니다.
특히 경쟁관계에 있어서는 더욱 심합니다. 우리는 이 빈방을 좋은 것
으로 채워야 하는 줄을 알면서도 자꾸만 비워두거나 방을 키워 나갈
때가 많습니다.

상대방이 잘못된 길을 선택한 것을 알면서도 그 길을 바로 잡아 주면
그가 잘되는 것이 싫어서 알려주지를 않는 경우도 있습니다. 그래서
사도 바울은 로마서 7장 22절에서 이렇게 외쳤습니다.

"내 속사람으로는 하나님의 법을 즐거워하되 내 지체 속에서 한 다른
법이 내 마음의 법과 싸워 내 지체 속에 있는 죄의 법으로 나를 사로잡
는 것을 보는도다 오호라 나는 곤고한 사람이로다 이 사망의 몸에서
누가 나를 건져내랴"

그러므로 이제 그리스도 예수 안에 있는 자에게는
결코 정죄함이 없나니 이는 그리스도 예수 안에 있는 생명의 성령의 법이
죄와 사망의 법에서 너를 해방하였음이라
(롬 8:1-2)

네 주제에 뭘 한다고

가까운 사이라고 생각 없이 말하지 마세요.

좋은 말이면 바로 해도 되지만 나쁜 말이라면 한 번 더 생각하세요. 입술에 파수꾼을 세우세요. 군인이 훈련하면 나라를 지키지만 입술을 훈련하면 생명을 지킵니다. 아무리 어리고 보잘것없이 보여도 무시하는 말을 하지 마세요. 하나님께서는 그 속에도 인격을 주셨고, 나에게 없는 지혜가 있을 수 있습니다.

너희가 돌이켜 어린아이같이 되지 아니하면 결단코 천국에 들어가지 못하리라고 예수님은 말씀하셨습니다. 골리앗은 다윗을 업신여겼습니다. 작은 아이라고, 칼이나 창이 아닌 막대기를 들고 나온다고 멸시했습니다. 들에 있는 양은 어찌하고 교만하게 전쟁을 구경하러 왔냐고 업신여겼습니다. 그러나 하나님은 어린 다윗을 사용하셔서 승리를 이루셨습니다. 보잘것없어 보이는 사람에게도 이렇게 말하세요.

"너는 무언가 할 인물 같구나."

블레셋 사람이 다윗에게 이르되 네가 나를 개로 여기고
막대기를 가지고 내게 나아왔느냐 하고 그 신들의 이름으로 다윗을 저주하고
(삼상 17:43)

내 손에 장을 지지겠다

함부로 맹세하지 마세요.
자신이 있다고 미리 큰소리치지 마세요. 언제나 최선을 다하고 신중히
생각하세요.

사자는 토끼 한 마리를 잡을 때에도 온 힘을 다하여 최선을 다한다고
합니다. 늘 하는 운전도 항상 최선을 다해야 합니다. 순간의 방심이 큰
사고를 일으키니까요. 언제나 다니던 길도 조심하세요. 언제 사람이
뛰어 들지 모르니까요.

"나는 문제없어. 우리 집은 안전해. 내가 세운 계획은 틀림없어. 내 말
이 틀리면 내 손에 장을 지지겠다." 이런 말은 하지 마세요. 사람은 불
완전합니다. 내일 일을 알 수가 없습니다. 하나님께서는 이런 사람을
가장 싫어하십니다. 이제 겸손히 이렇게 말하세요.

"오늘도 최선을 다해야지."

또 내가 내 영혼에게 이르되 영혼아 여러 해 쓸 물건을 많이 쌓아 두었으니
평안히 쉬고 먹고 마시고 즐거워하자 하리라 하되 하나님은 이르시되 어리석은 자여
오늘 밤에 네 영혼을 도로 찾으리니 그러면 네 준비한 것이 누구의 것이 되겠느냐 하셨으니
자기를 위하여 재물을 쌓아 두고 하나님께 대하여 부요하지 못한 자가 이와 같으니라
(눅 12:19-21)

넌 맨날 왜 그 모양이냐

자녀는 부모의 말에 가장 큰 영향을 받습니다.

자신 있는 아이, 책임감이 있는 어린이, 적극적이고 진취적인 아이로 키우는 데는 부모의 말이 결정적인 영향을 끼칩니다. 뒤로 물러앉는 아이, 자신과 의욕이 없는 아이, 추진력이 없이 쉽게 포기하는 아이로 기르는 것도 천성의 영향보다는 부모의 말이 더 큰 영향을 미칩니다. 부모는 자녀에 대한 욕심이 많아서 잘하는 여러 가지는 보지 못하고, 잘못하는 몇 가지를 크게 보고 나무라거나 다그치기가 쉽습니다.

"이것도 못 하냐?"

"넌 왜 그 모양이냐?"

"네가 뭐 해먹고 살겠냐?"

"남들 가지고 있는 재주가 넌 하나도 없냐?" 이제 말을 바꾸세요.

"많이 좋아졌구나."

"이젠 몰라보게 달라졌는데?"

"넌 성공 할 수 있단다."

꺼져가는 불씨라도 부채질을 해주면 활활 타오릅니다. 적은 가능성이 보입니까? 격려의 부채질을 해 주세요.

또 아비들아 너희 자녀를 노엽게 하지 말고
오직 주의 교양과 훈계로 양육하라
(엡 6:4)

내 말이 틀리면
내가 성을 갈지

무슨 일에나 너무 장담하지 마세요.
섣불리 단언하지 마세요.
자신감을 갖는 것은 좋지만 호기를 부리는 것은 좋지 않습니다. 무슨 일에나 끝까지 최선을 다하는 자세가 아름답습니다. 학생은 공부하는 모습이 아름답고, 농부는 땀 흘리는 모습이 아름답습니다. 말이 앞서면 행동이 늦습니다.

섣불리 맹세하지 마세요. 땅으로도 말고 하늘로도 맹세하지 말라고 했습니다. 계획은 사람이 세우지만 일을 이루시는 분은 하나님이십니다. 내가 보기에는 틀림없어도 하나님께서 보시는 결과는 다릅니다.

우리는 자신이 있을 때, 남 앞에서 크게 보이려고 호기를 부릴 때가 있습니다. 섣불리 맹세한 사사 입다는 자신이 생각 없이 한 경솔한 맹세의 쓴 열매를 평생 먹어야 했습니다.

내가 암몬 자손에게서 평안히 돌아올 때에 누구든지 내 집 문에서 나와서
나를 영접하는 그는 여호와께 돌릴 것이니 내가 그를 번제물로 드리겠나이다 하니라…
입다가 이를 보고 자기 옷을 찢으며 이르되 어찌할꼬
내 딸이여 너는 나를 참담하게 하는 자요 너는 나를 괴롭게 하는 자 중의 하나로다
내가 여호와를 향하여 입을 열었으니 능히 돌이키지 못하리로다 하니
(삿 11:31, 35)

네가 뭘 하겠냐?

옛날 우리 조상들은 어린아이들을 무시했습니다.

사람 취급도 하지 않았습니다. 어린아이의 말은 무시하기가 일쑤였고 우습게 생각했습니다.

"네가 뭘 알겠냐?" "어린 것이 건방지다."

"하룻강아지 범 무서운 줄 모른다."

"머리에 피도 마르지 않은 것이." "가서 엄마 젖이나 더 먹어라."

이런 말들은 어린아이를 무시하는 데서 나온 말들입니다. 많이 나아지긴 했어도 오늘도 우리들은 어린아이나 자기보다 배우지 못한 사람들을 무시하는 잘못된 마음들을 가지고 있는 것을 볼 수 있습니다. 지혜는 지식보다 고상합니다. 지식이 아무리 높아도 어린아이의 지혜나 일자무식 할머니의 지혜만 못할 때가 많습니다. 예수님은 어린아이들을 영접하셨습니다. 천국이 이런 자의 것이라고 하셨습니다. 오병이어의 기적도 계산 밝은 제자들보다도 한 어린아이의 순수한 마음이 일으킨 역사였습니다.

"네가 뭘 하겠냐?" 하지 마세요. "네 말이 맞다." "네 말에도 일리가 있다." 라고 하세요. 무조건 아이의 말로 낮추지 마시고, 한 인격체의 말로 받아들이세요.

> 예수께서 보시고 노하시어 이르시되 어린아이들이 내게 오는 것을
> 용납하고 금하지 말라 하나님의 나라가 이런 자의 것이니라
> (막 10:14)

널 믿느니 차라리…

누군가 나를 신뢰해주고 있다고 믿고 있을 때, 힘이 넘칩니다.
고생도 참을 수 있고, 어려운 일도 힘든 줄 모르고 해낼 수 있습니다.
그러나 믿었던 그 사람에게서 불신을 당할 때, 우리는 가장 큰 허무와
절망을 갖게 됩니다.
상대방에게 큰 상처가 될 말을 하지 마세요. 나는 가볍게 한 말일지 모
르나 상대방은 큰 상처와 좌절로 의욕을 잃게 되는 일이 많습니다. 야
속한 한마디가 충성을 다짐한 신하의 마음에 배반의 씨앗을 잉태하게
하는 역사적 사건들이 많습니다.

"유순한 대답은 분노를 쉬게 하여도 과격한 말은 노를 격동하느니라"
지혜의 왕 솔로몬이 잠언에서 말하고 있습니다.
"널 믿느니 차라리…."
이런 말은 절대하지 마세요.
아무리 화가 나더라도 하지 마세요. 실망했더라도 한 템포 늦추시고
이렇게 말하세요.

"그래, 다시 한 번 해보자."

온순한 혀는 곧 생명 나무이지만 패역한 혀는 마음을 상하게 하느니라
(잠 15:4)

뭐 되는 게 있어야지

하는 일마다 잘되는 사람들이 있고, 하는 일마다 안되는 사람들이 있습니다.
잘되는 사람은 교만하지 말고 하나님께 감사해야 할 것이고, 안되는 사람은 실망하지 말고 그 원인을 찾아보아야 할 것입니다.

모든 일에는 반드시 원인이 있습니다. 내 적성에 맞지 않는 일을 했다든지 인내력이 없어 쉽게 포기하고 또 다른 것으로 옮겼든지 아니면 하나님께서 이 일을 막으셨든지 원인이 있을 것입니다.
끝까지 제대로 해보지도 않고 "뭐 되는 게 있어야지." 하고 포기를 하지 마세요. 자신의 적성에도 맞고 신앙 양심에도 맞는 일이라면, 용기를 가지고 계속 노력해 보세요. 반드시 되는 날이 있을 것입니다. 그리고 이렇게 말하세요.

"할 수 있어. 이번엔 틀림없이 잘 될 거야."
다윗은 무슨 일에나 먼저 하나님께 묻고, 그 후에는 최선을 다해서 일했습니다.

이에 다윗이 여호와께 묻자와 이르되
내가 가서 이 블레셋 사람들을 치리이까
여호와께서 다윗에게 이르시되 가서
블레셋 사람들을 치고 그일라를 구원하라 하시니
(삼상 23:2)

죽지 못해 삽니다

요즘 만나는 주위 사람들에게 사업이 어떠시냐고 물으면 의외로 이런 대답을 많이 듣습니다.

"죽지 못해 삽니다." 라고요. 얼마나 어려우면 이런 대답을 할까라고 이해할 수는 있지만 과연 좋은 대답인지 생각해 봅니다.

죽지 못해 사는 것처럼 불행한 삶이 있을까요? 더 잘해 봐야지! 어떻게 하면 이 어려움을 극복할 수 있을까? 무슨 좋은 타개책이 없을까 하고 노력하는 사람이라면 이런 대답은 하지 않습니다. 평생의 배우자를 잘못 만나 똑같은 말을 하는 사람도 있습니다. 자식들 때문에 이혼할 수는 없고, 평생을 같이 살자니 아무 낙이 없다고 말합니다.

그러나 길은 있습니다. 길은 찾는 자들 앞에 열립니다. 지금껏 가지 않고 주저했던 길을 걸어보세요. 믿음의 길을 소망을 갖고 사랑으로 걸어보세요. 내일이 어둡게 보여도 그 너머에 아침의 동산이 있습니다. 아무 소리 아니 들려도 소망의 길을 걸어보세요. 오늘부터 이렇게 말하세요.

"내일을 바라보며 삽니다."

내가 산을 향하여 눈을 들리라 나의 도움이 어디서 올까
나의 도움은 천지를 지으신 여호와에게서로다
(시 121:1-2)

답답합니다

살다보면 답답한 일을 자주 만납니다.

인생을 살다보면 이럴 수도 없고 저럴 수도 없는 곤란한 경우를 당하기도 합니다. 좋은 일만 만나면 참 좋을 텐데 왜 이리도 어려운 일들이 닥치는지 모릅니다.

이 언덕만 넘으면 되겠지 하고 넘으면 산이 나오고, 이 산을 넘으면 되겠지 하면 절벽이 나오기도 합니다.

개울을 건너면 시내가 나오고, 시내를 건너면 강이 앞을 막습니다. 이 강만 건너면 끝나겠지 하면 바다가 앞길을 막을 때가 있습니다. 답답합니다. 어떻게 해야 좋을지 모를 때가 있습니다.

이럴 때 답답하다고 주저앉지 마세요. 낙심하지 마세요. 포기하지 마세요. 전후좌우가 다 막혀도 길이 있습니다. 위를 바라보세요. 하나님께서 우리에게 내리시는 은혜의 통로는 열려있습니다. 좌우만 살피지 마세요. 땅만 바라보지 마세요. 답답할 땐 위를 보세요. 그리고 이렇게 말하세요.

"길이 열리겠지."

믿음의 주요 또 온전하게 하시는 이인 예수를 바라보자
그는 그 앞에 있는 기쁨을 위하여 십자가를 참으사
부끄러움을 개의치 아니하시더니 하나님 보좌 우편에 앉으셨느니라
(히 12:2)

바람 잘 날 있겠어요?

가지 많은 나무에 바람 잘 날이 없다는 속담이 있습니다.

우리의 삶의 나무에도 가지가 많습니다. 작은 바람에도 흔들리는 가지가 있고, 폭풍우가 몰아쳐야 흔들리는 가지도 있습니다.

바람은 불어야 합니다. 가지도 흔들려야 합니다. 그래야 강해집니다. 그래야 가지가 굵어지고 열매를 맺을 수 있습니다.

우리의 삶의 나뭇가지에도 바람이 불어야 합니다. 고난의 바람도 불어야 하고, 시련의 폭풍도 불어야 합니다. 그래야 큰일을 할 수 있습니다. 편안하기를 바라고 피하지 마세요. 바람 부는 벌판으로 나아가세요. 바람이 세차게 불어야 연이 높이 올라갑니다.

바람 부는 바다로 나가세요.

바람이 세차게 불어야 더 빨리 갑니다.

찬송을 불러보세요!

"큰 물결 일어나 나 쉬지 못하나 이 풍랑 인연하여서 더 빨리 갑니다"

내 형제들아 너희가 여러 가지 시험을 당하거든 온전히 기쁘게 여기라
이는 너희 믿음의 시련이 인내를 만들어 내는 줄 너희가 앎이라
인내를 온전히 이루라 이는 너희로 온전하고 구비하여 조금도 부족함이 없게 하려 함이라
(약 1:2-4)

차라리 죽는 게 낫겠다

말로라도 "죽겠다, 죽겠다." 하지 마세요.
죽음의 검은 그림자가 자기를 부르는 줄 알고 찾아옵니다. 오죽 힘들면 "차라리 죽는 게 낫겠다." 라고 할까 이해는 가지만 습관이 되면 아무 때나 이런 말이 쉽게 나오게 됩니다.

사람은 말하는 대로 행동이 따라가게 되어 있습니다. 가야지 하면 가게 되고, 못 갈 것 같다 하면 환경이 못 가게 조성되기 쉽습니다.
말하기 나름입니다. 마음먹기 나름입니다. 이 세상은 얼마나 살맛나는 좋은 곳인지 모릅니다. 하나님께서 주신 세상에서 복락을 누리세요. 즐거워하세요. 밤이 있으면 낮이 있고, 슬픔이 있으면 기쁨이 있습니다.

마음이 우울하신가요?
차라리 죽고 싶은 생각이 드시나요?
살짝 마음을 바꿔 먹으세요. 그리고 이렇게 외치세요.

"행복아! 게 섰거라. 내가 간다."

사람이 먹고 마시며 수고하는 것보다 그의 마음을 더 기쁘게 하는 것은 없나니
내가 이것도 본즉 하나님의 손에서 나오는 것이로다
(전 2:24)

별 수 있겠어요?

외부로 보이는 모습만 보고 무시하지 마세요.
어리다고, 남보다 덜 배웠다고, 가난하다고 무시하면 안됩니다. 아무도 모르는 무서운 힘과 재능이 그 속에 들어있는 경우가 많습니다.

한두 번의 실수를 보고서 그 사람의 전체를 평가하지 마세요. "별 것 아니구먼." 하고 여겼던 사람이 자기 상관이 되는 경우도 있습니다.
일을 성사시키지 못해 풀이 죽어서 들어오는 직원에게 "자네도 별 수 없구먼." 하지 마세요. 옆에서 "저 친구 큰소리치고 나가더니만 별 수 없군." 하고 맞장구치지 마세요.

별 수 없는 직원도 상사나 동료가 만들고, 별 수 없는 자녀도 부모가 만듭니다. 그러나 잘 하는 재주꾼도 말이 만듭니다. 이제는 이렇게 말하세요.

"저 친구 잘 할 수 있을 겁니다."

귀를 지으신 이가 듣지 아니하시랴
눈을 만드신 이가 보지 아니하시랴
(시 94:9)

또 잔소리군

훈계 듣기를 싫어하지 마세요.

세대 차이 운운하면서 훈계를 우습게 생각하는 젊은이들이 많습니다. 성경 전체에서 면면히 흐르고 있는 사상은 훈계를 듣는 자가 복을 받는다는 내용입니다. 하나님의 훈계, 부모와 지도자의 훈계를 듣고 잘못된 사람은 한 사람도 없습니다. 모든 잘못의 첫걸음은 훈계를 멸시하고, 자기 마음대로 하는 데서 시작됩니다.

요즘은 훈계하기가 힘든 세상입니다. 다 나름대로 자기 사상과 주관이 있어 잘 받아들이지 않습니다. 할 수 없어서 듣고는 있으면서도 속으로는 '또 잔소리 시작이군.' 하며 딴 생각하기가 일쑤입니다.

엘리 제사장의 두 아들 홉니와 비느하스는 아버지의 훈계를 듣지 않았습니다. "내 아들아 그리 말라." 라는 아버지의 간곡한 부탁을 듣지 않았습니다. 성경에 나와 있지는 않지만 그들의 행동으로 보아 "저 늙은이 또 잔소리군." 이라고 했을 것 같습니다. 그들의 최후는 자신들의 죽음으로 끝나지 않고, 언약궤까지 이웃 나라 블레셋에 빼앗기는 민족적인 어려움까지 초래하였습니다.

> 오늘 내가 네게 명령하는 여호와의 규례와 명령을 지키라
> 너와 네 후손이 복을 받아 네 하나님 여호와께서
> 네게 주시는 땅에서 한 없이 오래 살리라
> (신 4:40)

자신 없습니다

겸손과 자신감 부족은 차이가 있습니다.

매사에 자신감을 갖고 일하면 자신이 가지고 있는 능력 이상의 결실을 가져올 수가 있습니다. 해보지도 않고 할 수 없다는 생각을 먼저하고 주저하면 항상 남의 뒤만 따라가는 사람이 되고 맙니다.

강한 팀과의 경기를 앞둔 스포츠 감독은 선수들에게 이런 말을 가장 많이 들려준다고 합니다.

"자신감을 가지고 최선을 다하라!"

"우리가 이길 수 있다!"

스포츠에는 약팀이 강팀을 이기는 이변 아닌 현실이 종종 있습니다. 자신감을 잃는 것은 이미 패한 것이나 다름없습니다. 인생의 승리자가 되기를 원하십니까? 자신감을 가지세요. 도전하세요. 부딪혀 보세요. 하나님은 이런 사람에게 기회를 주시고, 승리의 면류관도 주십니다. 주저하시나요? 이렇게 말하세요.

"해 보겠습니다."

모세가 이르되 오 주여 보낼 만한 자를 보내소서
여호와께서 모세를 향하여 노하여 이르시되
레위 사람 네 형 아론이 있지 아니하냐 그가 말 잘 하는 것을 내가 아노라
그가 너를 만나러 나오나니 그가 너를 볼 때에 그의 마음에 기쁨이 있을 것이라
(출 4:13-14)

쟤가 네 말 하더라

친한 사이를 이간하는 사람이 있습니다.

마귀의 특기 중 하나가 분리하는 것입니다. 성령의 역사는 하나 되게 함이요, 마귀의 역사는 분리시켜서 다 망하게 하는 것입니다. 양은 모여 살기를 좋아합니다. 항상 무리를 지어서 삽니다. 추울 땐 서로 몸을 맞대어서 추위를 이겨나간다고 합니다.

염소는 그렇지 않습니다. 두 마리만 같이 있어도 그냥 있지 못합니다. 뿔로 들이받고 싸우기가 일쑤입니다. 아무리 추워도 상대방이 따뜻하게 될까봐 자기도 추우면서 옆으로 안 간다고 합니다.

반대로 더울 때는 남이 시원한 게 싫어서 자꾸 몸을 갖다 대고 더 덥게 한다고 합니다. 양들이 모여 있으면 그 꼴을 못 봐서 뿔로 들이받고 괴롭혀서 기어이 양들이 흩어지게 하는 성질이 있습니다. 혹시 내게도 염소 같은 기질이 없을까요? 공연히 친한 친구들 사이에 끼어서 "쟤가 네 말 하더라." 하며 이간시키지는 않는가요? 좋은 말을 하세요.

"쟤가 너 칭찬하더라."

> 예루살렘에서 와서 왕을 맞을 때에 왕이 그에게 물어 이르되
> 므비보셋이여 네가 어찌하여 나와 함께 가지 아니하였더냐 하니
> 대답하되 내 주 왕이여 왕의 종인 나는 다리를 절므로
> 내 나귀에 안장을 지워 그 위에 타고 왕과 함께 가려 하였더니
> 내 종이 나를 속이고 종인 나를 내 주 왕께 모함하였나이다
> 내 주 왕께서는 하나님의 사자와 같으시니 왕의 처분대로 하옵소서
> (삼하 19:25-27)

실망했습니다

기대에 좀 못 미친다고 해서 실망했다는 말을 하지 마세요.
나름대로 열심히 노력한 사람의 기를 꺾어서 실패자로 만드는 말이 됩니다. 꿈을 꺾지 마세요. 꿈을 키워 주세요. 다소 실망했더라도 격려하며 기다려 보세요. 만족할 날이 올 것입니다.

봄에 돌을 굴려보면 그 밑에 새싹이 돋아나고 있는 것을 볼 수 있습니다. 무한한 생명력으로 땅을 뚫고 솟아오르다 그만 도저히 자기의 힘으로는 감당하기 어려운 돌을 만납니다. 그러나 새싹은 포기하지 않습니다. 돌을 피해 옆으로 몸을 휘어서 기어이 세상으로 나옵니다. 정말 대단한 힘입니다.
격려는 이 돌을 치워주는 것입니다. 새싹이 바로 자라서 열매를 맺게 하는 힘이 됩니다. 그러나 그 새싹을 기어이 죽이는 방법도 있습니다. 더 큰 돌로 눌러 주면 됩니다.
"난 너에게 실망했다."
이 한마디는 자라는 사람을 눌러주는 큰 돌덩이가 됩니다.
이제 이렇게 말하세요.

"기대해 보겠습니다."

여호와의 말씀이니라 너희를 향한 나의 생각을 내가 아나니
평안이요 재앙이 아니니라 너희에게 미래와 희망을 주는 것이니라
(렘 29:11)

그 말 두 번만 더 들으면
백 번쨉니다

좋은 것은 반복합니다.

중요한 일도 반복합니다. 기도는 좋은 것입니다. 반드시 해야 할 중요한 일입니다. 그렇기 때문에 반복합니다. 음식도 반복해서 먹습니다. 심장도 쉬지 않고 반복해서 뜁니다. 잠도 매일 잡니다. 학교도 매일 갑니다. 예배도 매주 드립니다. 우리의 삶에서 중요한 것은 예외 없이 반복되는 일들입니다. 반복되는 일들을 꼽아보세요. 중요하지 않은 것은 없습니다.

좋은 말은 반복해서 합니다. 듣기 싫어해도 또 합니다. 1년간의 설교를 요약해 보세요. "기도하세요. 말씀 읽으세요. 사랑하세요. 전도하세요…." 이런 말씀을 한 번만 듣고 말았나요? 거의 매주 반복해서 들은 말씀일 것입니다.

나를 사랑하고 내가 잘 되기를 바라는 분은 반드시 무슨 말이든지 되풀이합니다. 전에 들었다고 통명스럽게 대꾸하지 마세요.

"그 말 두 번만 더 들으면 백 번쨉니다."

비록 속으로 듣기 싫더라도 그분의 마음을 헤아려서 감사한 표정으로 들으세요. 축복이 당신의 것이 될 것입니다.

내 아들아 네 아비의 훈계를 들으며 네 어미의 법을 떠나지 말라
이는 네 머리의 아름다운 관이요 네 목의 금 사슬이니라
(잠 1:8-9)

다 그런데요 뭐

핑계대기 가장 좋은 말이 "나만 그런가요? 다 그런데요. 뭐!"입니다. 내 잘못을 약화시키고 합리화시키는 말로 "다 그런데요. 뭐!"입니다. 어떤 잘못을 저질러서 큰 죄책감을 갖고 있다가도 남들도 그런 경우를 보면 죄책감을 없애려는 경우가 우리에게 있습니다.

혼자서 남의 수박밭에 들어가 수박을 훔치면 죄가 열 개이고, 열 명의 친구들이 같이 훔치면 죄가 십분의 일로 줄어서 하나가 되는 것은 아닌데 그럴 것 같은 생각을 갖는 것이 우리입니다.

그래서 다 같이 잘못하면 이상하게 용감해지는 것이 우리의 마음입니다. 지각을 하게 되어 두근거리는 마음으로 종종걸음을 치다가도 늦는 사람이 또 있으면 반갑기도 하고 걸음이 다소 여유가 생기는 것도 우리의 잘못된 마음입니다. 혼자 매를 맞으면 아프고 같이 맞으면 덜 아픈 것도 그래서 그런 것 같습니다. 좋은 일이면 따라하세요. 같이 하세요. 모방하세요.

그러나 나쁜 일이면, 다 해도 따라하지 마세요. 모두가 가는 길이라도 가지 마세요. 그리고 마음속으로 다짐하세요.

"다 해도 나는 안 해야지."

때가 이르리니 사람이 바른 교훈을 받지 아니하며 귀가 가려워서
자기의 사욕을 따를 스승을 많이 두고 또 그 귀를 진리에서 돌이켜 허탄한 이야기를 따르리라
그러나 너는 모든 일에 신중하여 고난을 받으며 전도자의 일을 하며 네 직무를 다하라
(딤후 4:3-5)

딱 한 번인데 뭘

마귀가 가장 잘 사용하는 말 한 가지가 있습니다.

사람을 유혹할 때 쓰는 달콤한 무기입니다. 웬만한 위협과 어려움에도 좀처럼 넘어가지 않던 사람도 이 유혹에는 곧 잘 넘어갑니다.

바로 "딱 한 번인데 뭘!"입니다.

"이번 한 번만 해 보는 거야. 궁금해 하던 것인데 한 번만 경험해 보고 안 하면 되는 거야. 다 한 번쯤은 해 보는 거야. 너는 한 번만 해 보고 더 이상 하지 않을 인내심이 있어."

이런 달콤한 말들은 오늘도 수없이 많은 학생들과 젊은이들을 어둠의 구렁텅이로 끌어가고 있습니다. 딱 한 대만 피워봐, 딱 한 잔만 마셔 봐, 딱 한 번만 가봐, 딱 한 번만 경험해 봐, 딱 한 번만….

그러나 그 딱 한 번이 딱 한 번으로 그치는 사람은 거의 없습니다. 아무리 애쓰고 이를 악물어도 그 딱 한 번은 이번만 또 한 번으로, 오늘만 또 한 번으로, 그러다가 이젠 버린 몸으로 발전하게 되어 있습니다. 아무리 친한 친구가 권해도, 무서운 선배가 권해도 단호히 잘라서 말하세요.

"전 천지가 무너져도 안 합니다."

무릇 그리스도 예수 안에서 경건하게 살고자 하는 자는 박해를 받으리라
(딤후 3:12)

살맛 안 납니다

삶에 임하는 자세에 따라서 살맛나는 세상이 되기도 하고, 죽을 맛나는 세상이 되기도 합니다.

즐거운 마음으로 자동차에 오르면 천 리 길의 긴 여행도 지루하지가 않습니다. 창밖의 풍경이 오늘따라 더욱 아름답게 보입니다. 그러나 어쩔 수 없이 따라나선 긴 여행은 그야말로 죽을 맛입니다.

인생의 여정은 긴 여정입니다. 수많은 언덕을 넘고, 다리를 건너고, 터널을 지나서 갑니다. 즐거운 마음으로 인생의 자동차를 타세요. 오늘이 어렵고 힘들다 해도 즐거운 마음을 갖도록 노력하세요. 어두운 터널을 지나고 나면, 강물이 굽이쳐 흐르는 아름다운 강변으로 인생의 자동차가 달릴 것입니다.

힘들고 어두워도 "살맛 안 납니다." 라고 말하지 마세요. 살맛나는 좋은 일들이 오다가도 도망갑니다.

"즐거운 마음으로 삽니다." 라고 말하세요.
좋은 일은 귀가 밝습니다. 저 멀리서도 이 말을 듣고 먼저 찾아서 올 것입니다.

하나님이 모든 것을 지으시되 때를 따라 아름답게 하셨고
또 사람들에게는 영원을 사모하는 마음을 주셨느니라
그러나 하나님이 하시는 일의 시종을 사람으로 측량할 수 없게 하셨도다
(전 3:11)

세월이 좀먹냐?

기차는 기다려 주지 않습니다.

내가 표를 가지고 있어도 시간이 되면 기차는 떠납니다. 기회는 기다려 주지 않습니다. 내가 붙잡지 않으면 떠납니다. 젊음은 기다려 주지 않습니다. 머뭇거리며 방황하는 사이에 저만치 멀어져 갑니다. 시간은 기다려 주지 않습니다. 의미 없이 소비하는 사이에 내 곁에서 멀어져 갑니다.

기차는 또 온다고요? 기회는 또 다시 내게 온다고요? 젊을 때 놀지 않으면 후회한다고요? 시간은 앞으로 얼마든지 있다고요? 속지 마세요. 마귀는 언제나 달콤하게 속삭입니다. 그럴듯한 논리를 펴며 내 귀를 혼란하게 합니다.

적당하게 넘기지 마세요. 언제나 최선을 다하세요. 이 기차를 놓치면, 이 기회를 놓치면, 이 젊음을 허비하면, 이 시간을 의미 없이 흘려보내면 후회와 절망의 그림자만 쓸쓸한 당신의 마지막 인생길의 동반자가 됩니다.

"세월이 좀먹냐?" 하지 마세요.

"세월을 아끼라!" 라고 하세요.

세월을 아끼라 때가 악하니라
(엡 5:16)

어차피 버린 몸

몸에 진흙이 묻으면 곧 닦아내는 사람이 있는 반면에 어차피 더러워졌으니 "에이 모르겠다." 하고 뒹굴어 버리는 사람도 있습니다.

사람은 얼마든지 잘못할 수 있습니다. 그러기에 연약한 그릇이라고 했습니다. 잘못했을 때 자신을 추스르는 사람이 있습니다. 희망이 있는 사람입니다. 그러나 "어차피 버린 몸인데." 하며 더 깊은 수렁으로 자신을 내던지는 어리석은 사람이 있습니다.

아버지를 떠난 탕자는 큰 잘못을 했습니다. 도저히 용서받을 수 없을 만큼의 큰 잘못이었습니다. 그러나 그는 자신을 추슬렀습니다. 스스로 돌이켜 아버지를 향해 걸음을 옮겼습니다. 자신을 품꾼의 하나로 여길 만큼 겸손해졌습니다. 탕자는 모든 것을 회복했습니다.

가룟 유다는 큰 잘못을 했습니다. 그러나 일곱 번씩 일흔 번이라도 용서하라는 예수님 앞에 나오지 못했습니다. 스스로 목을 매어 실패자의 표본이 되었습니다.

환경 때문에, 의지가 약해서, 어쩔 수 없어서, 강요에 못 이겨서, 어쩌다 실수로 잘못된 곳으로 가셨나요? 자신을 추스르세요. 뒹굴지 마세요. "어차피 버린 몸." 하지 말고 이렇게 소리치세요.

"자! 다시 일어서는 거야."

이에 스스로 돌이켜 이르되 내 아버지에게는 양식이 풍족한 품꾼이 얼마나 많은가
나는 여기서 주려 죽는구나… 이에 일어나서 아버지께로 돌아가니라
아직도 거리가 먼데 아버지가 그를 보고 측은히 여겨 달려가 목을 안고 입을 맞추니
(눅 15:17, 20)

죽으면 썩을 몸인데
먹고 놀지

겸손은 아름답습니다.

가장 귀한 은사 중의 하나임에 틀림없습니다. 그러나 자신을 비하시켜 포기하는 것은 큰 잘못입니다.

사람은 귀합니다. 천하보다 한 사람이 더 귀하다고 했습니다. 사람이 천하를 얻고도 제 목숨을 잃으면 무슨 유익이 있겠냐고 예수님께서도 말씀하셨습니다.

하찮은 풀벌레 한 마리도 생명을 보존하기 위해 뛰기도 하고 날기도 하고 숨기도 합니다.

우리의 몸은 하나님의 영이 거하시는 성전이라고 했습니다. 그렇기 때문에 우리 몸을 잘 가꾸고 건강하게 하는 것은 중요한 일입니다.

봄이 되면 새싹이 대지를 뚫고 솟아오릅니다. 말라죽은 고목나무 밑동에서도 새 생명이 움틉니다. 나비가 꽃을 찾아 날고, 매미가 시원스런 합창을 합니다.

그런데 사람이 죽으면 썩을 몸이라니요. 죽으면 끝이라니요. 생각해 보세요. 그게 될 말입니까?

> 예수께서 이르시되 나는 부활이요 생명이니 나를 믿는 자는 죽어도 살겠고
> 무릇 살아서 나를 믿는 자는 영원히 죽지 아니하리니 이것을 네가 믿느냐
> (요 11:25-26)

될 대로 되라지

이 세상에는 비겁한 사람들이 있습니다.

정당하게 승부하지 못하고 반칙을 하거나 우겨서 이기려는 사람들이 있습니다. 모함을 하거나 중상모략해서 자신의 유익을 누리려는 것도 비겁한 일입니다.

그러나 무엇보다 비겁한 것은 자기 자신을 포기하고 "될 대로 되라지!" 하면서 내팽개치는 일일 것입니다. 자신에게 주어진 값진 삶, 자신에게 주어진 책임과 의무를 자기 마음대로 되지 않는다고 내팽개치는 것은 잘못입니다. 포기하지 마세요. 나를 짓누르지 마세요. 나는 하나님께서 지으신 이 세상에서 유일한 존재요, 단 하나밖에 없는 특별한 존재입니다.

3:0으로 지고 있습니까? 끝까지 최선을 다해보세요. 4:3으로 극적인 역전승을 이끌어 낼 수가 있습니다.

지금 꼴찌로 달리고 있습니까? 끝까지 뛰어보세요. 인생은 100m 달리기가 아니라 마라톤경주입니다. 골인 지점에서 테이프를 먼저 끊는 선수는 지금의 꼴찌도 할 수가 있습니다.

이제 이렇게 다짐하세요.

"뜻을 정하고, 끝까지 해야지."

다니엘은 뜻을 정하여 왕의 음식과 그가 마시는 포도주로
자기를 더럽히지 아니하리라 하고
자기를 더럽히지 아니하도록 환관장에게 구하니
(단 1:8)

돌고 도는 세상 아닌가?

이 세상에는 돌고 도는 것이 많습니다.

유행은 돌고 돕니다. 치마가 짧아졌다 길어졌다, 넥타이가 좁았다 넓었다, 머리가 길었다가 짧았다가, 바지가 찰싹 달라붙었다가 헐렁헐렁했다가 합니다.

그러나 우리의 삶은 돌고 도는 삶이 아닙니다. 계속 앞으로 나가는 삶입니다. 깊은 산속 옹달샘에서 흘러나온 작은 샘물이 골짜기를 지나고 개울을 지나서 계곡을 거친 후에 강물이 되어 마지막에 바다로 흘러가듯이 우리의 삶은 최종 목적지를 향해 나아가는 삶입니다.

세상 풍속이 돌고 돈다고 해서 우리의 정신이 돌고 돌아서는 안됩니다. 목표를 향해 나아가야 합니다.

"산은 옛 산이로되 물은 옛 물이 아니로다."

여류시인 황진이가 읊은 말처럼 한 번 흘러간 시간은 결코 되돌릴 수 없습니다.

다시 오지 않을 오늘을 소중히 여기세요.

청년이여 네 어린 때를 즐거워하며 네 청년의 날들을 마음에 기뻐하여
마음에 원하는 길들과 네 눈이 보는 대로 행하라
그러나 하나님이 이 모든 일로 말미암아 너를 심판하실 줄 알라
(전 11:9)

한 번만 봐 주세요

한 번은 가장 작은 수임에는 틀림없습니다.
그렇기 때문에 크게 보아야 합니다. 한 번이 무너지면 두 번이 되고, 두 번은 한 번보다 훨씬 쉽게 무너지고 결국은 완전히 무너지는 결과를 초래하게 됩니다.

한 번을 잘 지키세요. 한 번을 사수하세요. 한 번을 최후의 방어진이라고 생각하세요. 신앙도 한 번을 잘 지켜야 합니다. 순결도 한 번을 잘 지켜야 합니다. 약속도 한 번을 잘 지켜야 합니다. 한 번쯤이야 하는 약한 생각이 돌이킬 수 없는 결과를 초래하는 일들이 주변에 많이 있습니다. 성공한 분들의 대부분도 첫 번째 한 번에서 승리한 분들이 많습니다.
우리는 잘못을 저질렀을 때 "한 번만 봐 주세요." 라고 할 때가 있습니다. 이때 우리의 마음가짐이 다시는 안 하겠다는 결심보다는 이번만 적당히 넘어가자는 의식이 더 많습니다. 결국 앞으로도 계속하겠다는 의지가 담긴 말이 됩니다.
이제는 이렇게 말하세요.

"다시는 안 하겠습니다."

여인이 날마다 요셉에게 청하였으나 요셉이 듣지 아니하여
동침하지 아니할 뿐더러 함께 있지도 아니하니라
(창 39:10)

나만 잘한다고 별 수 있나?

우리는 남이 하면 용기를 얻습니다.
좋은 일을 본받아 용기를 얻으면 좋은데 나쁜 일에 용기를 더욱 많이
얻습니다. 빨간 신호등 앞에서 망설이다가 남이 건너가면 힘을 얻어
따라 건너갑니다. 횡단보도가 아닌 곳에서 눈치를 보다가 누군가 건너
가면 용기를 얻고는 뛰어갑니다. 휴지를 손에 들고 망설이다가 누군가
버리면 같이 버립니다. 어떨 때는 오히려 내가 질서를 어겨서 남에게
용기를 주어 그도 같이 어기게 하는 동기를 부여하기도 합니다.

때로는 최선을 다해 잘 해보려고 애를 써보기도 합니다. 그러다가도
남이 잘못하면 이내 자기의 결심이 무너지고 맙니다. 남이야 어떻게
하든 자신은 소신껏 밀고 나가야 함에도 남들이 무너지면 쉽게 따라
무너지는 것이 우리의 속성인 것 같습니다.

"나만 잘한다고 별 수 있나?
나 하나 안 버린다고 대한민국이 깨끗해지나?" 라고 하지 마세요.
나 하나가 모여서 우리가 되고, 우리가 모여 모두가 됩니다.

이스라엘의 왕들처럼 나쁜 것을 본받지 마세요.

> 여호야김이 그의 조상들이 행한 모든 일을 따라서
> 여호와 보시기에 악을 행하였더라
> (왕하 23:37)

오늘만 날이냐?

"오늘만 날이냐?" 아닙니다.

내일도 날입니다. 모레도 그 다음날도 날은 날입니다. 그러나 이러한 생각은 수많은 날들을 하나도 붙잡지 못하고 내일 또 내일 하다가 무덤에 도착하는 삶을 살게 됩니다. 오늘 못 다했으면 내일 또 하세요. 그러나 "오늘만 날이냐?" 하는 생각으로는 오늘 일을 하지 마세요. 오늘 일은 오늘 하도록 최선을 다하세요.

초등학교 때에 미루는 습관을 가진 사람은 어른이 되어서도 미룹니다. 문제는 이런 사람에게 성공도, 축복도, 은혜도 미루어진다는 것입니다. 내가 미루면 하나님도 미루십니다. 내가 잡으려고 애쓰면 하나님께서도 내가 잡을 수 있는 위치에 축복을 매달아 놓으십니다.

에서는 멋진 남자였습니다. 얼굴이 붉고 온몸에 털이 덮인 야성적인 사나이였습니다. 사냥에 능숙한 힘과 남자다운 매력을 지닌 거기다가 장자의 축복까지 겸비한 행복이 예고된 사람이었습니다. 그러나 그는 모든 것을 잃었습니다. 안일한 생각과 귀한 것을 경홀히 여긴 우유부단함으로 실패자의 길을 걷고 말았습니다.

"오늘만 날이냐?" 하지 마세요.

오늘을 내 것으로 잡으세요.

야곱이 떡과 팥죽을 에서에게 주매 에서가 먹으며 마시고 일어나 갔으니 에서가 장자의 명분을 가볍게 여김이었더라
(창 25:34)

내가 할 짓 없어서
이 짓 하는 줄 아쇼?

자신이 하는 일에 자부심을 가지세요.

환경미화원이면 어떻고, 굴뚝 청소부면 어떻습니까? 모두가 대학교수일 수는 없습니다. 모두가 의사일 수도 없습니다.

자신이 하는 일을 창피하다고 생각하지 마세요. 하나님 앞에서는 고관대작이나 시종이나 차별이 없습니다. 오히려 반대일 수도 있습니다. 대학 정문을 지키는 경비원이나 대학교 총장이나 모두가 귀한 일을 하는 분입니다. 고급 승용차를 타고 오신 사장님이나 지하철을 타고 온 보일러공이나 우리 사회에서 모두 귀한 분들입니다. 직원들이 있기에 회사가 성장하고, 사장님이 계획하고 운영하시기에 직원들의 복지가 보장되는 것입니다.

남 보기에 좀 궂은일을 한다고 스스로 열등하게 여기는 사람들이 있습니다. 아닙니다. 어쩌면 더 중요하고 남이 못하는 일을 내가 하는지도 모릅니다. 어느 환경미화원처럼 이렇게 말하면 어떨까요?

"나도 하나님께서 창조하신 지구의 한 모퉁이를 오늘도 손질하는 축복받은 사람이다."

아무 일에든지 다툼이나 허영으로 하지 말고
오직 겸손한 마음으로 각각 자기보다 남을 낫게 여기고
(빌 2:3)

너 같은 놈 때문에
세상이 안되는 거야

"누구 때문에" 라고 하지 마세요.

너 때문에, 자식 때문에, 부모 때문에, 학교 때문에, 과외 때문에, 교육
정책 때문에, 국가시책 때문에…. 이렇게 남을 탓하다 보면 끝이 없습
니다. 자신을 돌아볼 여유가 없습니다. 모든 문제는 "나 때문에" 라고
보기 시작하면 풀리기 시작합니다.

시선을 어디로 돌리느냐에 따라 잠기기도 하고 열리기도 합니다. 나를
보세요. '나 때문이 아닌가?' 하고 생각해 보세요. 세상에 안 풀릴 문제
는 거의 없습니다.

가정이 어둡습니까? 나 때문이 아닌가 하고 생각해 보세요. 모임이 서
먹서먹합니까? 나 때문이 아닌가 하고 생각해 보세요. 회사가 침체되
어 있습니까? 나 때문이 아닌가 생각해 보세요. 국가가 어수선하고 불
안합니까? 내가 기도하지 못해 그런 게 아닌가 생각해 보세요.

나를 보면 다른 모든 것이 정확하게 보입니다.

어찌하여 형제의 눈 속에 있는 티는 보고
네 눈 속에 있는 들보는 깨닫지 못하느냐
(마 7:3)

돼지 같이
처먹기만 하고…

내가 낳은 자식이라고 함부로 말하지 마세요.
내가 벌어서 먹인다고 아무렇게나 말하지 마세요. 자식은 하나님께서
내게 위탁하신 선물입니다. 이것저것 잘 먹는다고, 돼지같이 처먹기만
한다고 핀잔주지 마세요. 좋은 말도 얼마든지 있으니까요.

"돼지 같이 처먹기만 하고…." 라는 말끝에도 꼭 먹는 문제로 말하는
것이 아닙니다. 처먹기만 하고 뭐 다른 것을 제대로 하는 것이 있냐는
전체적인 불평입니다. 어린이는 완전하지 못합니다.
자기 스스로 올바른 판정을 내리기에는 부족합니다. 이럴 때는 잘 지
도해 주세요. 이끌어 주세요. 부모의 수준에 아이를 올려놓고 어른처
럼 판단해 주기를 바라지 말고, 무릎을 조금 굽히고 내려가세요. 눈높
이 교육이 있듯이 눈높이 이해가 필요합니다. 어린아이가 어찌 어른의
수준으로 생각하고 행동할 수 있겠습니까? 왜 저렇게 먹는 것만 보면
정신을 못 차리게 될까라는 원인을 한번 생각해보고 좋은 말로 이끌어
주세요.

먹는 만큼 영육이 성장할 것입니다.

또 아비들아 너희 자녀를 노엽게 하지 말고
오직 주의 교훈과 훈계로 양육하라
(엡 6:4)

CHAPTER. 6
입술에 파수꾼을 세우자

똑같은 입을 가지고 잘 쓰면 입술이 되어
많은 사람들을 살리고,
잘못쓰면 주둥이가 되어
엄청난 사람들을 불행으로 몰고 가니
이제부터라도 입술에 파수꾼을
세워야 하지 않을까?

일찌감치 때려 치워라!

아이를 졸장부로 키우는 비결이 있습니다.

실패자로 만드는 비법이 있습니다. 조금 시켜보고 잘 안되는 것 같으면 "일찌감치 때려 치워라!" 하면 됩니다. 그러면 때려치우게 되고 다른 것을 시도해 볼 것입니다. 그것도 시원찮으면 또 말하세요. "이것도 일찌감치 때려 치워라!" 이렇게 계속 때려치우다 보면 평생 때려치우는 인생이 되고 말 것입니다.

소질을 신중하게 찾아보세요. 그리고 소질과 적성에 맞으면 때려치우지 마세요. 매사에 쉽게 때려치우는 사람이 성공한 예는 찾아보기 힘듭니다. 직장이 마음에 안 들어도 적성에 맞으면 때려치우지 마세요. 어디인들 내 마음에 꼭 맞는 곳이 있겠습니까? 언제나 쉽게 때려치우는 사람은 정년퇴직의 나이에도 신입 직원으로 출근을 하게 됩니다. 어디라도 묵묵히 10년만 있어 보세요. 뭐가 되어도 됩니다. 볼 보이가 스타 플레이어가 된 경우도 많고, 엑스트라가 훗날 아카데미 주연상을 수상하게 되는 기회도 얼마든지 있습니다.

일찌감치 때려치우지 말고, 일찌감치 연습하세요.

우리는 뒤로 물러가 멸망할 자가 아니요
오직 영혼을 구원함에 이르는 믿음을 가진 자니라
(히 10:39)

저 같은 게
뭐 하겠습니까?

자신을 낮추는 자세는 아름답습니다.

그러나 자주 주저앉는 것은 좋은 자세가 아닙니다.

"나는 할 수 없습니다. 그러나 하나님께서 도우시고 힘주시면 할 수가 있습니다."

이런 자세가 좋은 자세입니다. 적당히 사양하는 것은 미덕이라고 할 수 있습니다. 그러나 끝까지 주저 않는 것은 좋은 자세라고 할 수 없습니다. 부족한 점은 인정하고 최선을 다하는 자세가 좋은 자세입니다. 권하는 사람이 무안할 정도로 뒤로 빼는 것도 미덕은 아닙니다.

"일어나 걸으라." 하며 손을 잡아끌면 발에 힘을 주어 일어나야 합니다. "실로암 못에 가서 씻으라." 하면 불편하더라도 가야 합니다.

재능도 없고 가진 것 없어도 주님이 일을 맡기시면 순종해야 합니다. 하나님께서는 완전한 사람을 쓰시지 않습니다. 불완전한 사람에게 당신의 완전함을 보태셔서 놀랍게 사용하십니다. 이제 자신을 갖고 이렇게 말하세요.

"부족하지만 힘껏 해 보겠습니다."

내가 이르되 슬프도소이다 주 여호와여 보소서 나는 아이라 말할 줄을 알지 못하나이다 하니
여호와께서 내게 이르시되 너는 아이라 말하지 말고 내가 너를 누구에게 보내든지
너는 가며 내가 네게 무엇을 명령하든지 너는 말할지니라
(렘 1:6-7)

내 말대로만 해

권위 의식은 누구에게나 있습니다.

권위 의식이 꼭 나쁘다고는 말할 수 없습니다. 조직 사회에는 권위가 있어야 합니다. 질서도 있어야만 합니다. 권위가 올바로 형성될 때, 질서와 체계가 바로 잡힙니다. 권위는 일방적인 다스림은 아닙니다. 내 뜻대로 내 주장대로 몰고 가는 것이 권위가 아닙니다. 내가 가지고 있는 권한을 내 마음대로 쓸 수 있는 것도 아닙니다. 진정한 권위는 존경과 신뢰에서 우러나올 때, 가능한 것입니다.

불평 가득하고 속으로는 욕을 하면서도 아랫사람이라 할 수 없이 따르게 된다면 그 권위는 이미 추락한 것이라고 볼 수 있습니다. 존경심을 갖고 따른다면 얼마나 좋을까요. 나폴레옹, 히틀러, 김일성…. 그들은 힘과 권위로 통치하려 했지만 실패했습니다. 그러나 예수님은 사랑과 희생으로 권위를 이루셨습니다. 천하 만민이 그 앞에 엎드리는 만왕의 왕이요, 만주의 주가 되셨습니다.

"잔소리 말고 내 말대로 해." 하지 마세요.
스스로 알아서 따라오도록 본을 보이세요.

맡은 자들에게 주장하는 자세를 하지 말고 양 무리의 본이 되라
(벧전 5:3)

적당히 둘러대

친구를 죽이는 방법이 있습니다.

잘못하거나 실수했을 때, 이렇게 조언해 주세요.

"적당히 둘러대! 뭐 알겠어?"

적당히 넘어가기, 적당히 얼버무리기, 적당히 해치우기, 적당히 눈가림하기….

사실 '적당히'는 좋은 것입니다. 부족하지도 않고, 지나치지도 않은 분수에 맞게 하는 것이 '적당히'입니다. 그런데 이 '적당히'가 변질되어서 대충 얼버무리는 말로 바뀌고 말았습니다. 적당히 먹으면 좋습니다. 적당히 자면 좋습니다. 분수에 맞게 적당한 옷을 입고, 적당한 차를 타는 것은 지혜로운 삶입니다.

그러나 적당 적당히 얼버무리는 생활 태도는 버리세요. 분명히 해야 할 일은 분명히 해야 합니다. 시인할 일은 깨끗이 시인하고, 안되는 일은 분명히 안된다고 하면 됩니다. 친구를 살리는 방법이 있습니다. 잘못했거나 실수했을 때, 이렇게 조언해 주세요.

"솔직히 말씀드리고 앞으로 잘하겠다고 해!"

무릇 더러운 말은 너희 입 밖에도 내지 말고
오직 덕을 세우는 데 소용되는 대로
선한 말을 하여 듣는 자들에게 은혜를 끼치게 하라
(엡 4:29)

어디 두고 보자

옛날에 우리의 조상들은 반드시 원수를 갚는 것을 옳은 것으로 여겨 왔습니다.

부모의 원수, 스승의 원수를 갚지 못한 자는 최고의 불효자요, 못난 제 자로서 차마 눈을 감지 못했습니다. 원수를 용서하거나 한걸음 더 나 아가 사랑한다는 것은 상상조차 할 수 없는 일이었습니다.

하나님의 아들 예수 그리스도는 원수를 용서할 뿐만 아니라 사랑하라 고 가르치고 있습니다.

그럴 수 있습니까? 어떻게 원수를 용서할 수가 있습니까? 또 사랑할 수 있습니까? 그렇지만 예수님은 그렇게 하라고 하셨습니다. 그리고 스스로 나 같은 죄인을 위하여 나 대신 고난의 십자가를 지셨습니다. 용서하고, 사랑하고, 대속의 죽음을 죽으셨습니다.

우리는 작은 일에도 용서하지 못하고 마음에 담아 둡니다.

"어디 두고 보자!"

이제 예수님의 마음을 본받으세요.

"용서하리라. 그리고 사랑하리라."

> 악을 악으로, 욕을 욕으로 갚지 말고 도리어 복을 빌라
> 이를 위하여 너희가 부르심을 받았으니
> 이는 복을 이어받게 하려 하심이라
> (벧전 3:9)

그래 잘들 논다
어떻게 되나 보자

잘못을 보면 바로 잡아 주세요.

잘못을 보면서도 방관하면서 "어떻게 되나 보자!" 하고 벼르지 마세요.

그런 사람의 마음은 결과가 잘못되어 상대방이 불행해지기를 바라기 때문에 그런 말을 하게 됩니다.

잘못된 길을 가면 바른 길을 일러주세요. 잘못된 습관이 있으면 지혜롭게 지적해 주세요. 요나 같은 마음으로 보지 마세요. 니느웨 성이 언제 무너지나? 어떤 형태로 망하나? 하늘에서 불이 내릴까? 땅이 갈라질까? 니느웨 성 밖 동편에 앉아 초막을 짓고, 그늘 아래 앉아서 성읍이 어찌되는지 보고 있었습니다. 자기를 시원하게 해주는 한낱 박 넝쿨은 귀히 여기면서도 십이만여 명의 니느웨 성의 생명들을 사랑하시는 하나님의 큰 뜻은 헤아리지 못했습니다.

원수이니까, 못된 짓을 많이 한 사람이니까, 언젠가 망하는 것을 보리라 하며 고대하지 마시고, 죽고 망하는 것은 하나님 뜻에 맡기고 관용하고 사랑하세요.

"저러면 안되는데… 도와야겠는걸."

여호와께서 이르시되 네가 수고도 아니하였고 재배도 아니하였고 하룻밤에 났다가 하룻밤에 말라 버린 이 박넝쿨을 아꼈거든 하물며 이 큰 성읍 니느웨에는 좌우를 분변하지 못하는 자가 십이만여 명이요 가축도 많이 있나니 내가 어찌 아끼지 아니하겠느냐 하시니라
(욘 4:10-11)

그러면 그렇지
지 까짓게 뭘 한다고

외부로 드러나는 모습만 보고 무시하지 마세요.

초라하게 보인다고 과소평가하지 마세요. 나무도 보이는 부분보다는 뿌리가 더 깊고, 빙산도 보이는 부분보다는 물속에 감추어진 부분이 더 큽니다.

키가 작아도 더 대범한 사람이 많고, 손이 작아도 마음은 넓고 큰 사람이 있습니다. 피부가 검다고 속까지 검은 것은 아니고, 가난하다고 해서 마음까지 가난한 것은 아닙니다.

얼마 전에 키 작은 사람과 달리기를 했습니다. 이른바 숏다리라서 내심 이렇게 생각했습니다.

'저 다리로 얼마나 뛸까?'

그러나 그게 아니었습니다. 얼마나 발이 빨리 움직이는지 모릅니다. 남이 두 걸음 움직일 때, 세 걸음 움직이니 도저히 따라갈 수 없었습니다. 숨은 턱에 차고 내심 무시했던 것이 부끄러워졌습니다.

누구나 깊은 내면에 감추어진 능력이 있습니다. 단지 보이지 않는다고 무시해서는 안됩니다. 이제 이렇게 말하세요.

"저분에게서도 뭔가 배울 것이 있을 거야."

서로 마음을 같이하며 높은 데 마음을 두지 말고
도리어 낮은 데 처하며 스스로 지혜 있는 체 하지 말라
(롬 12:16)

다음에 하지요

늘 미루는 습관을 가진 사람들이 있습니다.

봄철에 미루면 장마 때 비가 샙니다. 가을에 미루면 겨울을 춥게 지나게 됩니다. 공부를 미루면 무식하게 되고, 일을 미루면 가난하게 됩니다. 농부가 씨 뿌리는 것을 미루면 가을에 추수할 것이 없습니다. 추수를 미루면 수확이 적습니다. 무슨 일이나 미루지 마세요. 생각나면 그때 벌떡 일어나세요.

남편이 일을 미루면 아내의 가계부가 흔들리고, 아내가 설거지를 미루면 밥상이 흔들립니다. 자녀가 공부를 미루면 나라가 흔들립니다.

하루를 미루면 한 달 미루는 것은 예사입니다. 한 달을 미루면 1년은 눈 깜짝할 사이에 지나가 버립니다.

가족들이 모두 모인 자리에서 인생의 마지막 눈을 감으면서 이렇게 말하시겠습니까?

"다 미루었는데 죽음은 미룰 수가 없구나."

우리의 모든 날이 주의 분노 중에 지나가며
우리의 평생이 순식간에 다하였나이다
우리의 연수가 칠십이요 강건하면 팔십이라도
그 연수의 자랑은 수고와 슬픔뿐이요
신속히 가니 우리가 날아가나이다
(시 90:9-10)

시간이 없어서요

사람이 가장 흔히 쓰는 변명의 말이 "시간이 없어서요."입니다.
그렇게 말하면 상당히 바쁜 인상도 주고, 하는 일도 많은 유능한 사람
으로 보일 수 있습니다. 시간이 없다고 말하는 사람을 보면 항상 같은
말을 합니다. 몇 년이 지나서 환경이 많이 달라졌는데도 답변은 항상
"시간이 없어서요."입니다. 습관입니다.

현대인은 바쁜 것이 사실입니다. 한가한 사람은 극히 소수일 것입니
다. 그러나 시간이 없는 것은 아닙니다. 하루에도 24시간이나 있습니
다. 어떻게 계획하고, 어떻게 쪼개느냐에 따라서 시간은 얼마든지 생
깁니다. 시간에 지배받지 말고, 자신이 시간을 다스리세요. 도마 위에
싱싱한 시간을 올려놓고 요리하세요. 내가 자르는 대로 잘라집니다.
크게 자른 것은 국을 끓이고, 작은 것은 구워먹을 수 있습니다. 이제
이렇게 대답하세요.

"시간을 내어 해 보겠습니다."

사랑하는 자들아 주께는 하루가 천 년 같고
천 년이 하루 같다는 이 한 가지를 잊지 말라
(벧후 3:8)

별 수 있나요?

별 수가 있습니다.

길이 있습니다. 이 길이 막히면 저 길이 있습니다. 농구에도 지역방어가 먹혀들지 않으면 맨투맨 수비 방법이 있습니다. 옛날 초등학교 시절 방학 책에는 보물 있는 곳을 찾아 길을 찾아가는 그림이 있었습니다. 이 길로 가면 사자가 으르렁대며 길을 막고, 저 길로 돌아가면 뱀이 머리를 쳐들고 있습니다. 다시 다른 길로 가면 낭떠러지가 있고, 또 돌아 나오면 식인종들이 길을 막습니다.

그러나 반드시 길은 있습니다. 찾고 노력하면 보물이 있는 곳으로 나가는 길이 열립니다.

앞길이 막힐 때가 있습니다. 사방이 막혀 오갈 데 없는 환경에 처하기도 합니다. 그러나 길이 있습니다. 동서남북이 막혀도 위는 열려 있습니다. 기도로 SOS를 보내세요. 위로부터 구원의 손길이 내려옵니다. 앞은 홍해요, 좌우는 절벽이요, 뒤는 애굽의 군대입니까? 그러나 거대한 바다 홍해는 열렸습니다.

"별 수 있나요?" 하지 말고, "길이 있겠지요." 하세요.

모세가 백성에게 이르되 너희는 두려워하지 말고
가만히 서서 여호와께서 오늘 너희를 위하여 행하시는 구원을 보라
너희가 오늘 본 애굽 사람을 영원히 다시 보지 아니하리라
(출 14:13)

다 그렇고 그런 거
아닙니까?

내 허물을 다른 사람에게까지 덧씌우지 마세요.
"나만 그러냐? 다 그런데."
"다 그런데 재수 없게 나만 걸린 거야."
"다 공공연히 어기는데 나만 잘 지킨다고 별 수 있나?"
이런 생각으로 자기의 잘못을 합리화하고 축소시키지 마세요. 남이 밥
열 그릇을 먹어도 내가 안 먹으면 내 배는 고픈 법입니다. 남이 잘못할
때는 오히려 내가 더 잘해야 균형이 잡힙니다. 반대편 저울추에 무질
서가 많이 올라갈수록 이쪽 추에 질서와 모범이 올라가야 저울은 균형
을 이룹니다.

남이 한다고 따라하지 마세요. 남이 간다고 따라가지 마세요. 남이 어
긴다고 용기를 얻어 따라하지 마세요. 욕한다고 욕하고, 저주한다고
저주하고, 속인다고 같이 속이고, 주먹질한다고 발길질하고, 멱살 잡
는다고 머리카락 움켜잡지 마세요. 하나님의 사람은 모든 사람이 다
몰려가도 진리의 길이 아니면 단호히 거절해야 합니다.

"다 가도 저는 못 갑니다."

복 있는 사람은 악인들의 꾀를 따르지 아니하며
죄인들의 길에 서지 아니하며 오만한 자들의 자리에 앉지 아니하고
(시 1:1)

시시하게 왜 이래?

시시하게 생각했다가 큰 봉변을 당하는 경우가 있습니다.
작은 구멍이 댐을 무너뜨리고, 바늘구멍으로 황소바람이 들어옵니다.
작은 가시하나가 목에 걸리면 온몸이 고생합니다.

시시하게 생각한 9번 타자에게 홈런을 얻어맞는 경우도 있습니다. 사자를 피해서 위험을 벗어난 탐험가가 작은 독충에 쏘여 생명을 잃는 경우도 있습니다. 깎아지른 암벽을 올라간 후에 작은 돌을 잘못 디뎌 떨어지는 경우도 있습니다. 코끼리는 쥐를 무서워합니다. 다른 사나운 짐승들은 두려워하지 않는데 쥐는 유독 무서워합니다. 그 큰 덩치가 시시한 쥐를 두려워하다니 우스운 일입니다. 아마 쥐가 코끼리의 콧속으로 들어갈까 봐 두려워하는 모양입니다.
땅벌은 벌 중에서도 아주 작습니다. 파리보다 조금 더 큰 정도입니다. 그러나 땅벌은 무섭습니다. 몸에 붙으면 떨어지지 않고 침을 쏘아 댑니다. 그래서 시골 아이들은 독수리보다도, 황소보다도 아주 작은 땅벌을 더 무서워합니다.

시시하게 생각되는 것일수록 더 신중하세요.

게으른 자여 개미에게 가서 그가 하는 것을 보고 지혜를 얻으라
(잠 6:6)

저놈 망하는 걸 봐야
속이 시원해 질 텐데

"고것 참 고소하다." "깨소금 맛이다." "저 꼴을 보니 속이 다 시원하다."
이런 말이 내 입에서 자주 나오면 내 마음이 크게 병이 들었다는 위험
신호입니다. 과거의 원한을 잊지 못하고 꽁하고 마음 한복판에 새겨
두었다가 두고두고 곱씹지 마세요.

원수의 소가 구덩이에 빠지면 "잘 됐다." 하지 말고 같이 도와서 건져
내라고 말씀은 가르치고 있습니다. 귀먹은 사람이 듣지 못한다고 저주
하지 말고, 소경 앞에 장애물을 놓아 넘어지는 것을 보며 좋아하지 말
라고 말씀은 교훈하고 있습니다.

어릴 적, 시골 우리 동네에는 1년에 꼭 두 번 차를 볼 수 있었습니다.
비료를 실은 트럭이 마을로 들어옵니다. 서로 흙먼지를 많이 먹으려고
차 뒤를 따라가기도 하고, 휘발유 냄새가 좋아 땅에서 얼굴을 뗄 줄 몰
랐습니다. 그런데 촌놈들을 차 한 번 태워주면 좋으련만 운전기사와
조수는 꼭 우리를 떼어놓고 차를 달렸습니다. 그러면 우리는 복수한다
고 힘들게 넘는 고개 턱마루에 돌과 진흙으로 바리게이트를 쳐놓고 언
덕에 올라가 내려다봅니다. 운전기사와 조수가 나와 낑낑대며 도로의
진흙을 치우노라면 우리는 손뼉을 치며 좋아하곤 했습니다.

원수를 갚지 말며 동포를 원망하지 말며
네 이웃 사랑하기를 네 자신과 같이 사랑하라 나는 여호와이니라
(레 19:18)

해보나 마나
뻔한 것 아닌가?

얼마 전에 신문에서 안타까운 기사를 읽었습니다.

대입시험을 치른 학생이 합격에 자신이 없어 발표도 보지 않은 채 아파트 옥상에서 뛰어내려 자살한 것입니다. 평소에 공부도 잘한 학생인데 몇 개의 문제를 실수한 무게에 짓눌려 결과도 보지 않고 미리 체념한 나머지 일생일대의 가장 어리석은 결정을 한 것입니다. 자기가 실수했다면 남도 실수할 수 있는 일이고, 또 다음 기회도 있고, 다른 길들도 많이 있었을 텐데 이 학생은 "뻔한 것 아닌가?"의 병에 걸려서 어리석은 결정을 내린 것입니다.

상대방의 KO펀치에 겁을 먹은 나머지 주먹 한번 제대로 뻗어보지 못하고 링을 돌며 시종일관 피해만 다니다가 결국 KO되고 마는 선수가 있습니다. "저 산은 내게 너무 높아!" 라고 하면서 평생을 뒷동산을 맴도는 사람이 있습니다. "저 강은 너무 깊어!" 라고 하면서 얕은 물가에서 찰팍거리는 사람이 있습니다. 이제 등산화 끈을 고쳐 매고 정상을 향해 일어서십시오.

이제 강가로 나가 배를 만들고 깊은 강을 건너가십시오.

이제 힘차게 저 넓은 바다를 향해 하얀 파도를 헤치며 힘차게 나아가 보십시오. 우리는 할 수 있습니다.

내가 네게 명령한 것이 아니냐 강하고 담대하라 두려워하지 말며 놀라지 말라
네가 어디로 가든지 네 하나님 여호와가 너와 함께 하느니라 하시니라
(수 1:9)

세상에 어디
믿을 놈 있나

요즘을 불신시대라고 합니다.
사람들이 하도 많이 속다보니 이제는 무엇이나 일단 의심부터 해놓고
봅니다. 국민은 정부를 믿지 못하고, 근로자는 사업주를 믿지 않아서
대립과 갈등이 계속됩니다. 남에게 속지 않고 손해를 보지 않는 일은
참 귀한 일입니다.

나쁜 친구를 믿었다가 잘못된 길로 들어간 사람도 많고, 오래된 지인
의 보증 부탁을 믿었다가 패가망신한 사람도 많고, 가까운 친지의 말
을 믿었다가 사업을 망친 사람도 많은 것이 사실입니다.
물론 신중히 생각하고 확인하고 결정하는 것은 좋은 일입니다. 그러나
무엇이나 무조건 의심하고 마음의 문을 닫는 것은 좋지 않습니다.

이 세상에는 믿을 부분도 많습니다. 좋은 부분도 많습니다. 마음을 열
고 보면 밝은 부분도 많습니다.
무조건 의심하고 보는 얽매임에서 벗어나 우리의 이웃을 긍정적으로
보는 자유함을 누리세요.

> 각각 자기 일을 돌볼뿐더러
> 또한 각각 다른 사람들의 일을 돌보아
> 나의 기쁨을 충만하게 하라
> (빌 2:4)

별 것 아닌 것 가지고
유세 떨기는

일이 잘 안될 때, "일이 꼬인다." 라고 합니다.

그런데 말을 이렇게 꼬아서 하는 사람들이 많습니다. 좋은 말이 많은데도 꽈배기처럼 이리저리 비틀어서 말하기가 쉽습니다. 어릴 적에 집에서 새끼를 많이 꼬았습니다. 요즘은 새끼를 꼰다는 것이 무엇인지 모르는 사람이 많을 것입니다. 무슨 욕처럼 들릴지도 모르겠습니다. 가을에 벼를 탈곡하고 나면 알곡은 창고에 들이고 볏단은 초가지붕도 덮고 소도 먹입니다.

그리고 긴긴 겨울밤을 가늘게 새끼를 꼽니다. 볏짚을 몇 가닥씩 두 줄로 나눈 다음 손으로 비벼서 서로 꼬이게 해서 길게 줄을 만드는 것입니다. 저는 처음에는 잘 꼬지 못했습니다. 아버지께서 꼬이시던 새끼줄을 이어서 꼽니다. 그러면 굵다가 가늘다가, 팽팽하다가 느슨하다가 엉망이 됩니다. 이런 줄은 쓸 수가 없습니다. 아버지께서 다시 제가 꼰 부분은 모두 풀어버리고 밤새 다시 꼬아야 쓸 수 있습니다.

잘못된 것은 바로 잡기가 얼마나 힘든 일인지 모릅니다.
우리가 비꼬아서 해버린 한마디를 다시 회복하는 것도 이렇게 힘든 것입니다.

누추함과 어리석은 말이나 희롱의 말이 마땅치 아니하니
오히려 감사하는 말을 하라
(엡 5:4)

언제부터 했는데
여태 이 모양이냐

"대기만성"이라는 말이 있습니다.

오랜 노력 끝에 성공하는 경우를 말합니다. 발동이 늦게 걸리는 선수도 있습니다. 시작하자마자 금방 좋은 결과를 얻기는 참 어렵습니다. 벼를 심으면 반년을 넘게 기다려야 하고, 사과나무를 심으면 몇 년을 기다려야 합니다. 재목을 키우려면 몇 십 년을 기다립니다.

남보다 느린 사람이 있습니다. 1년에 하는 일을 2년, 3년 걸려야 하는 더딘 사람도 있습니다. 사람은 모두 하나님께서 주신 달란트의 차이가 있습니다. 모두가 다섯 달란트를 받을 수는 없습니다. 남보다 더디다고 실망하지 마세요. 봄이 되자마자 피는 꽃이 있는가 하면 첫눈을 맞을 때 피는 꽃도 있습니다.

먼저 된다고 반드시 좋은 것은 아닙니다. 늦게 된 것이 더 복이 되는 경우도 많습니다.

피아노학원을 몇 달 보내놓고, "언제부터 했는데 여태 이 모양이냐?" 하고 기죽이지 마세요.

성공과 행복은 오래 참고 기다리는 사람에게 옵니다.

형제들아 너희는 선을 행하다가 낙심하지 말라
(살후 3:13)

대충대충 때우고 말아

부잣집 주인이 섣달 그믐날(12월 31일) 밤에 머슴들을 불러놓고 일을 시켰습니다.

"너희들에게 볏단 하나씩을 줄 터이니 밤새 새끼줄을 꼬아라. 특별히 쓸데가 있으니 가늘고 길게 정성껏 꼬도록 하여라."

명령을 받은 머슴들은 불평을 했습니다. 1년을 마지막 보내는 날인데 쌀밥에 고깃국은 안 먹이고 밤새 일만 시키다니 나쁜 부자 영감이라며 투덜댔습니다. 그래서 한 사람이 이렇게 말했습니다.

"대충대충 하고 잠이나 자자."

다음날 아침, 부잣집 주인은 머슴들 앞에 엽전 한 자루씩을 풀어놓았습니다. 그리고는 간밤에 꼰 새끼줄에 엽전을 꿰어서 가지라고 했습니다. 옛날 돈은 구멍이 뚫린 관계로 대충대충 새끼를 꼰 머슴들은 하나도 엽전을 꿸 수가 없었습니다. 그러나 한 머슴만은 주인의 말에 순종하여 가늘고 길게 정성껏 꼰 새끼줄에 엽전을 꿰어 집도 사고 논도 사서 행복하게 살았답니다.

아버지께서 제게 들려주신 어린 날의 이야기 한 토막이었습니다.

사환들아 범사에 두려워함으로 주인들에게 순종하되
선하고 관용하는 자들에게만 아니라 또한 까다로운 자들에게도 그리하라
(벧전 2:18)

할 수 없으니
어쩔 수 없이 했겠지

내가 좋아한다고 남들도 다 좋아하는 것이 아니고, 내가 싫어하는 일
이라고 남들도 다 싫어하지는 않습니다.
서로 얼굴이 다르듯이 취향도 모두 다른 것이 사람입니다. 그러기에
나름대로의 삶이 있고, 모든 것이 서로 조화를 이루어 이 세상은 굴러
가는 것입니다.

내가 별 것 아니게 보는 것도 그 일을 하는 당사자에게는 귀중한 일들
이 많습니다. 화려한 조명과 우렁찬 갈채 속에 예술의 전당에서 공연
하는 세계적인 테너 가수 파바로티나 그 공연이 끝나고 어질러진 공연
장을 청소하는 분이나 모두가 존경해야 할 분들입니다. 어떤 일을 하
느냐도 귀하지만, 어떤 자세로 일하느냐는 더 귀합니다.

"할 수 없으니 어쩔 수 없이 했겠지."
먼저 속단하지 마세요.
그 궂은일 속에도 삶의 철학이 있고, 보화가 있습니다.

사연을 듣기 전에 대답하는 자는 미련하여 욕을 당하느니라
(잠 18:13)

집구석이라고 들어오면
뭐 좋은 게 있어야지

집구석도 내가 만들고, 행복한 가정도 내가 만듭니다.
천국도 내가 만들고, 지옥도 내가 만듭니다. 남이 만들어 주는 것이 아닙니다. 내가 만들어가야 합니다.
자신이 집구석으로 만들어 놓고, 들어오면서는 천국이 기다리고 있는 것으로 착각해서는 안됩니다. 내가 집안 분위기를 지옥으로 만들어 놓고는 평안을 기대하며 들어와서도 안됩니다.

행복은 만들어진 것을 누리는 것이 아니라 만들어 가는 것입니다.
무슨 서비스가 있을까 기대하며 집으로 들어오지 말고, 무슨 서비스를 할까를 생각하며 들어와 보세요.
무슨 좋은 것을 사가지고 들어올까를 기대하지 말고, 들어오는 분에게 어떤 것을 해줄까를 생각해 보세요.

"집구석이라고 들어오면 뭐 좋은 게 있어야지." 하지 말고,
"역시 우리 집이 최고야!" 라고 하세요.

다투는 여인과 함께 큰 집에서 사는 것보다
움막에서 사는 것이 나으니라
(잠 21:9)

당신은 왜
늘 그 모양이요?

범죄한 인간의 눈은 자기를 들여다보는 시력을 잃었습니다.
반면에 남을 보는 시각은 밝아졌습니다.
자기가 안고 있는 커다란 짐 보따리는 보지 못하고, 남의 손바닥에 있
는 작은 것은 밝히 봅니다.

색안경을 낀 것처럼 늘 이런 시각을 갖고 있다 보면 어쩌다 한두 번 잘
못한 것을 보고서도 늘 그런다고 생각합니다. 아예 늘 그러는 사람으
로 인식해 버리게 됩니다. 어떤 것이나 불만스럽게 보이게 되고, 잘하
는 것을 보아도 잘한다고 칭찬하기에 앞서 어쩌다 실수로 잘한 것처럼
좋게 보지를 않습니다.
"저 사람이 웬일이지? 자선냄비에 돈까지 넣다니! 무엇인가 죄가 많은
모양이지?"
이제는 이렇게 말하세요.

"좋은 일 많이 하시네요."

형제들아 서로 비방하지 말라
형제를 비방하는 자나 형제를 판단하는 자는
곧 율법을 비방하고 율법을 판단하는 것이라
네가 만일 율법을 판단하면 율법의 준행자가 아니요 재판관이로다
(약 4:11)

아이구, 죽겠다

한국의 남자들이 아침 잠자리에서 일어나면서 맨 처음으로 하는 말이
무엇이라고 생각하십니까?
이 글을 읽고 계시는 분은 첫마디가 무엇입니까?

"아, 잘 잤다."도 아니고, "지금 몇 시야?"도 아니라고 합니다.
"여보, 신문 왔어?"도 역시 아닙니다.
가장 많은 사람이 하루를 여는 첫 시간, 첫 마디가 바로 "아이고, 죽겠
다." 라고 합니다.

참 묘한 일이 아닐 수 없습니다. 살기 위해, 식구들 굶겨 죽이기 위해
서가 아닌 먹여 살리기 위해 일어나면서 첫마디가 "아이고, 죽겠다."
라니요. 그만큼 고달프고 어려운 세상이라는 뜻이겠지요. 그러나 이제
내일부터 바꾸어 보세요.

"앗싸! 살겠다."

누추함과 어리석은 말이나 희롱의 말이 마땅치 아니하니
오히려 감사하는 말을 하라
(엡 5:4)

아이구, 내 팔자야

팔자 타령하는 사람들이 많습니다.
일이 뜻대로 안되어도 팔자소관, 자식이 속 썩여도 팔자소관, 가난해
도 팔자소관으로 돌리는 사람들이 많습니다.

해보려 하지 않고 신세타령만 하는 사람도 있습니다. 8자는 고칠 수가
있습니다. 약간의 수고와 노력만 있으면 됩니다. 8자를 살짝 옆으로
누이면 '∞(무한대)'가 됩니다.
노력하세요. 개척하세요. 땀을 흘려 보세요.
팔자를 고쳤다는 분들이 많습니다.
당신도 팔자를 고칠 수가 있습니다.

예수님은 팔자를 고쳐 주시는 분이십니다.
사망을 생명으로 고쳐 주십니다.
지옥을 천국으로 고쳐 주십니다.
절망을 소망으로 고쳐 주십니다.

내가 진실로 진실로 너희에게 이르노니
내 말을 듣고 또 나 보내신 이를 믿는 자는
영생을 얻었고 심판에 이르지 아니하나니
사망에서 생명으로 옮겼느니라
(요 5:24)

어쩌다 당신 같은
사람 만나 이 꼴이람

조각가는 돌을 다듬습니다.

모나고 울퉁불퉁한 돌을 수없이 갈고 닦습니다. 그렇게 흉하고 딱딱한 돌이 작품이 되어 갑니다. 조각가가 마지막 정을 놓을 때쯤 되면 때로는 부드럽게 때로는 매끈하게 마무리됩니다.

행복은 조각하는 것입니다. 남을 조각하는 것이 아니라 나를 다듬는 것입니다. 죄악 가운데 사는 우리들은 거친 돌과도 같습니다. 부딪히면 남을 상하게 하고 나도 부서집니다.

이런 나를 조각가 되시는 예수님께 맡겨야 합니다. 내가 다듬어지기만 하면 어떤 사람을 만나도 행복하게 됩니다. 어떤 사람을 만나도 조화를 이룰 수가 있습니다.

"어쩌다 당신 같은 사람 만나 이 꼴이람." 하지 마세요.

내가 다듬어지면 '이 꼴'이 '이 만족'이 됩니다.

만일 서로 물고 먹으면 피차 멸망할까 조심하라
(갈 5:15)

어이구, 저 무능함이란

유능한 사람도, 무능한 사람도 다 말이 만듭니다.
"잘 한다, 대단하다." 하면 자신감도 생기고 의욕이 생겨서 나중엔 잘 하게 됩니다. "못한다, 무능하다." 라고 계속 반복하면 잘하던 것도 자 신이 없어지게 되고, 무능한 사람으로 낙오되기가 쉽습니다.

장작불은 장작을 더 넣어주어야 활활 타오릅니다. 찬물을 끼얹지 마세 요. 더 잘했으면 하는 욕심이 앞서다 보면 웬만큼 하는데도 못한다고 다그칠 수가 있습니다.

단숨에 산 정상에 오르려고 하지 마세요. 노래 한 곡을 한숨에 부르려 고 하지 마세요. 로또복권 한 장으로 모든 살림살이를 장만하려고 하 지 마세요.
좀 무능해 보이는 것을 참고 격려하면서 이렇게 말하세요.

"전보다 훨씬 잘하고 있어."

또 너희가 열심으로 선을 행하면 누가 너희를 해하리요
(벧전 3:13)

그 실력가지고
어딜 가려고 그러냐?

어떤 일을 해 보기도 전에 겁을 먹는 사람이 있습니다.

격려를 해 주어야 할 자리에서 오히려 기를 꺾어 놓는 말을 해서 패하는 원인을 만들 수도 있습니다.

권투 선수는 경기에 앞서 눈싸움을 먼저 합니다. 서로 얼굴을 맞대고 눈을 노려보며 기를 꺾습니다. 여기서 시선을 피하거나 먼저 얼굴을 돌리면 경기에서 패하기가 쉽습니다.

객관적으로 실력이 좀 모자란다 해도 자신감을 갖고 최선을 다하면 승리할 수 있습니다. 이 세상 그 어느 코치도 사각의 링에 오르는 선수에게 "상대방은 너보다 훨씬 강하니 죽고 싶지 않으면 적당히 맞고 드러누워라." 라고 코치하는 분은 없습니다.

자녀이거든, 친구이거든 격려하세요.

등을 두드리며 이렇게 말하세요.

"최선을 다하거라."

기름과 향이 사람의 마음을 즐겁게 하나니
친구의 충성된 권고가 이와 같이 아름다우니라
(잠 27:9)

천국과 지옥이 어디 있냐?
죽으면 끝장이지

미국에 가보지 않아도 미국이 있다는 사실에 대해서 의심하는 사람은
없습니다.
화성, 목성, 수성 등을 가보지도 못했고, 확인하지도 못했으면서도 의
심하는 사람은 없습니다.

사람 속에는 인격이라는 볼 수도 만질 수도 없는 것이 있고, 마음과 양
심이라는 존재도 그 어느 의사도 보여주지 못했지만 모두 믿고 있는
사실입니다.
그럼에도 불구하고 천국과 지옥이 있다는 엄연한 사실에 대해서는 믿
지 못하는 사람들이 많습니다. 하나님의 말씀인 성경이 증거하고 온
천하 우주 만물이 이를 증명하는데도 믿지 못하는 사람이 많습니다.
별 것 아닌 것은 믿지 않아도 괜찮습니다. 그러나 결정적인 것, 영원한
생명과 직결되는 문제에 대해서는 믿지 않으면 큰일입니다.
천국과 지옥은 누가 뭐래도 분명히 있습니다.
사람은 죽으면 끝나는 것이 결코 아닙니다.

"예수 믿으세요."

> 그러나 두려워하는 자들과 믿지 아니하는 자들과 흉악한 자들과 살인자들과
> 음행하는 자들과 점술가들과 우상 숭배자들과 거짓말하는 모든 자들은
> 불과 유황으로 타는 못에 던져지리니 이것이 둘째 사망이라
> (계 21:8)

그걸 그냥 둬?
엎어버리지

화평하게 하는 사람이 있는가 하면, 싸우게 하여 문제를 더 악화시켜 서로 망하게 하는 사람이 있습니다.

평화를 만들어 가는 사람이 있고, 불화를 만드는 사람이 있습니다.

중간에서 말하기에 따라 위태로운 가정을 행복한 가정으로 바꿀 수가 있고, 별 문제없이 지내는 가정을 파탄으로 몰아갈 수도 있습니다.

한번 비교해 보세요.

"그걸 그냥 둬? 엎어버리지."

    / "그래 어쩌다 그랬냐? 좀 참지."

"그걸 보고 그냥 참았다고? 병신같이."

    / "참 잘 참았네, 역시 자네야."

"더 이상 볼 거 없어 끝장 내버려."

    / "조금만 더 참아봐 좋은 일이 있을 거야."

평화의 사람이 되세요.

내가 가는 곳마다 화평의 꽃이 핀다면 얼마나 좋을까요?

화평하게 하는 자는 복이 있나니
그들이 하나님의 아들이라 일컬음을 받을 것임이요
(마 5:9)

이판사판이야 막 나가는 거야

자포자기만큼 무서운 것은 없습니다.

자포자기는 가능한 모든 길을 막습니다. 열려있는 모든 문을 닫습니다. 얼마든지 헤쳐 나갈 길도 있고, 조금만 참고 기다리면 해결될 수도 있는 일인데도 이판사판으로 막 나가는 사람이 있습니다.

얼마 전, 장모님의 소천으로 영안실에서 밤을 지새운 적이 있습니다. 장모님은 편안히 천국으로 가셨습니다. 그런데 바로 옆 영안실에서는 여동생을 보낸 언니가 밤새 울부짖고 있었습니다.

"네가 조금만 더 참지, 조금만 더 참고 고비를 넘기지, 왜 그렇게 막판까지 나갔니? 네가 우리 집에서 제일 잘 생기고, 공부도 제일 잘하고, 결혼도 가장 잘 했는데…, 왜 막판까지 나갔니…."

언니는 밤새 이 말만 정신 나간 사람 마냥 되뇌고 있었습니다.

행복한 신혼부부였답니다. 얼마 후면 첫 아이를 출산할 시기였습니다. 그런데 남편이 외도를 한 모양입니다. 투닥투닥 싸우다 서로 격해졌습니다. 못살겠다, 헤어지자, 죽여라, 너 죽고 나 죽자 등 점점 고조되었습니다. "내가 못 죽일 것 같으냐?" "그래 용기 있으면 해 봐라!" 이 말 끝에 남편은 방에 석유를 뿌리고는 불을 질렀습니다. 새 생명을 뱃속에 잉태한 아내는 타서 죽고, 남편은 식물인간이 되어버렸습니다.

"참으세요. 막판으로는 치닫지 마세요."

유다가 은을 성소에 던져 넣고 물러가서 스스로 목매어 죽은지라
(마 27:5)

내가 누군데…

하나님께서 가장 싫어하시는 것은 교만입니다.
사람은 스스로를 높여서는 안됩니다.
사람이 사람을 높여주는 것도 좋지 않습니다.
사람은 하나님께서 높여 주시는 것이 가장 좋습니다.

교만한 마음은 물속에 농구공을 억지로 넣는 것과 같습니다. 누르면
누를수록 자꾸만 올라오려고 합니다. 조금만 방치해 두면 어느새 올라
와서 꼬리를 흔들어 댑니다. 조그마한 칭찬만 받아도, 작은 인정만을
받아도, 별 것 아닌 일을 한 가지 성취하고서도 교만의 꼬리는 자꾸만
길어지게 마련입니다.
꼬리를 자르세요. "내가 누군데…." 하지 마세요.

내가 누구긴 누굽니까? 하나님의 은혜가 아니면, 예수 그리스도의 보
혈이 아니면, 나라는 존재는 아무 의미가 없지 않습니까?

사도 바울은 "나는 날마다 죽노라." 라고 고백하고 있습니다.

사람아 주께서 선한 것이 무엇임을 네게 보이셨나니
여호와께서 네게 구하시는 것은
오직 정의를 행하며 인자를 사랑하며
겸손하게 네 하나님과 함께 행하는 것이 아니냐
(미 6:8)

그때만 생각하면
지긋지긋 해

좋지 않은 과거를 저주하지 마세요.

어두웠던 지난날을 욕하지 마세요. 지난날의 잘못과 실패를 거울삼아 오늘을 밝게 살아가세요. 지난날을 어떻게 교훈으로 삼느냐에 따라서 내일이 결정됩니다. 지난날의 패배에 좌절하여 자포자기 하는 선수가 있는가 하면, 지난번의 패배 때문에 오히려 "오늘의 챔피언"이 되는 선수도 있습니다.

보리는 가을에 심습니다. 초겨울이 되면 움트고 자라납니다. 그러나 곧 한겨울의 엄동설한을 맞습니다. 땅은 얼어터지고 뿌리는 솟아오릅니다. 아기의 살결같이 부드럽고 파란 잎은 거칠고 누렇게 말라 갑니다. 그러나 겨울을 견딘 보리는 봄바람을 타고 춤을 추고, 여름이 되면 알알이 결실합니다. 보리는 지긋지긋했던 겨울을 저주하지 않습니다. 오히려 그 겨울이 있었기에 결실함을 인하여 춤을 추는 것입니다. 그러나 만일 겨울을 지내고 봄에 보리를 심으면, 잎은 무성하나 이삭이 형성되지 않아 열매를 맺지 못합니다.

우리에게는 내일이 있습니다.

고난 당한 것이 내게 유익이라 이로 말미암아
내가 주의 율례들을 배우게 되었나이다
(시 119:71)

만나기만 해 봐라

만나면 어떻게 하실 건가요?
둘이 한바탕 해보시겠다고요? 그래서 좋아질 것이 있으신가요?
꽉 막혔던 문제가 한바탕 해버리면 모두 해결되나요?

좋지 않은 생각으로 벼르지 마세요. 벼르다 보면 점점 더 악해집니다.
계획하게 되고 실행으로 옮기게 됩니다. 생각이 다른 것은 어쩔 수가
없습니다. 그러나 어떻게 하겠다고 벼르고 기다리지 마세요. 좋지 않
은 생각은 벼르기보다 지워나가는 것이 좋습니다.

거미는 줄을 칩니다. 약한 곤충들을 잡아 삼키기 위해서 줄을 칩니다.
그리고는 숨어서 벼릅니다. "어디 걸리기만 해 봐라!" 하고요.
누에도 줄을 칩니다. 그러나 자신은 그 줄 속에 파묻혀 희생하고, 곱디
고운 명주실을 낳습니다.

"만나기만 해 봐라!"
그러지 말고 "만나서 화해해야지." 하세요.

서로 친절하게 하며 불쌍히 여기며 서로 용서하기를
하나님이 그리스도 안에서 너희를 용서하심과 같이 하라
(엡 4:32)

우리 부모가 나한테
해준 게 뭐가 있다고

사람에 따라서는 부모님이 자녀에게 물려준 것이 없을 수도 있습니다. 가난해서 재산을 못 물려줄 수도 있고, 배우지 못하셔서 고상한 인격과 품위를 물려주지 못할 수도 있습니다. 심한 경우에는 자식에게 본이 될 만한 일을 못하시고 사회적으로나 도덕적으로 지탄을 받으시는 부모님도 더러는 있을 수도 있습니다.

술주정뱅이 아버지 밑에 두 아들이 있었습니다. 아버지는 밤낮 술만 마시고 들어오면, 어머니와 두 아들을 구타했습니다. 견디다 못한 어머니는 집을 나갔습니다. 지옥과도 같은 가정이었습니다. 그러나 세월이 흘러 한 아들은 훌륭한 목사가 되었고, 한 아들은 아버지처럼 술주정뱅이가 되었습니다.

목사가 된 아들은 늘 이렇게 말했습니다.

"아버지가 저러시니 나는 더 힘내서 좋은 사람이 되어야지."

주정뱅이가 된 아들도 늘 이렇게 말했습니다.

"아버지가 저러시니 내가 이 꼴 된 것은 당연하지."

부모님이 물려주신 것이 없으시다고요? 그러면 지금 어떻게 살고 있습니까? 생명은 누가 물려 주셨나요?

> 아비를 구박하고 어미를 쫓아내는 자는
> 부끄러움을 끼치며 능욕을 부르는 자식이니라
> (잠 19:26)

내 일 하기도 바쁜데

내 일 하기도 바쁜데 언제 남을 도와줄 시간이 있겠어?
나 살기도 바쁜데 언제 어떻게 도울 수가 있담?
그렇습니다. 우리는 바쁩니다. 그러나 시간은 정성과 마음만 있으면 생기게 되어 있습니다. 바빠서 못한다는 사람을 살펴보면 놀고 있을 때가 많습니다. 늘 남을 도우는 사람을 보면 바쁜 시간을 쪼개서 하고 있음을 봅니다.

'품앗이' 라는 말이 있습니다. 오늘은 이웃집 논에 모내기를 도와주면 다음날은 우리 논에 와서 일을 같이 해 줍니다. 혼자서 힘들게 해야 할 일을 이웃들이 같이 해 줍니다. 노래를 부르며 즐겁게 합니다. 그러면 얼마나 일이 쉽고 빨리 끝나는지 모릅니다.

서로 '품앗이'를 하세요.
사랑의 품앗이, 친절의 품앗이를 하세요.

너희가 짐을 서로 지라 그리하여 그리스도의 법을 성취하라
(갈 6:2)

지가 뭔데,
안 나서는 데가 없구먼

이곳저곳 열심히 뛰어다니며 부지런히 일하는 분들이 있습니다.
그분들을 따라 열심히 같이 일하면 흉볼 틈이 없는데, 그렇게 못하면
괜히 흉을 봅니다. 자기가 못하면 흉보기가 쉽습니다.

산에 오를 때도 앞서 같이 올라가면 힘이 덜 듭니다. 뒤로 쳐지면 힘도
들고 불평도 나오게 됩니다. 무슨 일이든 적극적으로 하면 불평할 공
간이 생기지 않습니다.
구르고 있는 자전거는 넘어지지 않습니다. 돌고 있는 팽이는 자빠지지
않습니다. 날고 있는 연은 떨어지지 않습니다. 흐르는 시냇물은 썩지
않습니다. 일하는 손은 가난하지 않습니다.

"지가 뭔데, 안 나서는 데가 없구먼." 하지 마세요.
내가 나서서 해야 할 일을 안 하고 있으니까 그분이 내 몫까지 한다고
생각하세요.

누추함과 어리석은 말이나 희롱의 말이 마땅치 아니하니
오히려 감사하는 말을 하라
(엡 5:4)

복수하고야
말아야지

억울한 일을 당하셨나요?
아무런 잘못 없이 오해를 받으셨나요? 앙갚음하지 마세요. 보복하지
마세요. 보복은 또 다른 보복을 낳습니다.
그래서 보복은 최후에 서로의 목숨을 앗아가도 끝나지 않습니다. 대를
이어서 양쪽을 다 불행하게 만드는 것이 보복입니다.

무슨 일에나 매듭을 만들지 마세요. 어떤 사람과도 문제로 얽어매지
마세요. 얽힌 것을 푸세요. 모든 것을 풀어 나가세요. 자존심이 상하신
다고요? 자존심보다는 생명이 더 귀합니다. 치사해서 못 하시겠다고
요? 똑같이 치사한 사람이 되지 않으려면 풀어나가세요.

내가 풀면 남도 풉니다.
내가 땅에서 매면 하나님께서는 하늘에서 매시고, 내가 땅에서 풀면
하나님께서도 하늘에서 푸신다고 하셨습니다.

나는 너희에게 이르노니 너희 원수를 사랑하며
너희를 박해하는 자를 위하여 기도하라
(마 5:44)

너만 실수 안 했으면
이길 수 있었는데

너, 너, 너, 너 때문에 이렇게 되었다.

너 때문에, 네 실수 때문에, 당신 때문에, 당신 만난 것 때문에 내 꼴이 이렇게 되었다.

이런 나라에 태어났기 때문에, 가난한 부모 밑에서 태어났기 때문에, 친구 잘못 만난 것 때문에….

가장 비겁한 사람이 하는 말들입니다. 비겁한 사람이 되려거든 이런 말들을 하세요. 그러나 유능한 사람이 되려거든 말을 바꾸세요. 말을 바꾸면 인생이 바뀝니다.

내 실수로, 내가 부족해서, 내가 제대로 뒷받침 해드리지 못해서, 내가 게을러서, 내 실력이 부족해서, 내 탓이요!

이런 시각으로 열심히 해보세요.

"너만 실수 안 했으면 이길 수 있었는데." 하지 마세요.

"내가 좀 더 잘 했으면 좋았을 텐데."로 바꾸어 보세요.

어찌하여 형제의 눈 속에 있는 티는 보고
네 눈 속에 있는 들보는 깨닫지 못하느냐
(마 7:3)

같이 가려면 가고,
싫으면 때려 치워

어디나 같이 가면 좋습니다.

험한 산길도, 호젓한 들길도 같이 가면 즐겁습니다. 비록 낯선 타국일지라도 누군가와 함께 가면 외롭지 않습니다. 사람은 같이 가도록 되어 있습니다. 그래서 아담 옆에 하와를 같이 가게 하셨습니다. 가족도, 친구도, 배우자도 같이 가는 귀한 분들입니다.

모처럼 가족과 어디 여행을 가기로 하셨나요? 때로 의견이 일치되지 않아 속상할 때도 있습니다. 그렇다고 마구잡이로 말하지 마세요. 즐거운 여행이 괴로운 여행이 될 수가 있습니다. 출발이 좋아야 나중도 좋습니다.

지금 누구와 인생길을 함께 가고 계십니까? 인생길이 험하고 내 뜻대로 안된다고 함께 가시는 분을 욕하실 것입니까?

"예수님, 복 주시려면 빨리 주시고, 싫으면 때려치우세요." 하시렵니까?

두려워하지 말라 내가 너와 함께 함이라 놀라지 말라
나는 네 하나님이 됨이라 내가 너를 굳세게 하리라 참으로 너를 도와 주리라
참으로 나의 의로운 오른손으로 너를 붙들리라
(사 41:10)

이 음식점 날 샜구먼

남의 일에 저주 섞인 말을 하지 마세요.
내 입맛에 맞지 않는다고 모든 사람에게도 똑같이 적용되는 것은 결코 아닙니다.
내가 싫어하는 것을 다른 사람은 좋아 할 수 있고, 내가 좋다고 열을 올리는 일에 대해서 다른 사람은 별 것 아니게 볼 수도 있습니다. 그렇기 때문에 무슨 일에나 신중한 말이 좋습니다.

"이 음식점 날 샜구먼!"
"이 가게 망하기 십상이구먼!"
"이 회사 뻔~ 하구먼!" …

사람의 마음에 날이 새면 모든 것이 허망하게 보입니다. 자꾸 허망하게 보이십니까? 자신의 마음을 단속하세요.

속이 비면 힘이 빠지듯이 마음이 비면 만물이 허망하게 보입니다.

형제들아 서로 비방하지 말라
형제를 비방하는 자나 형제를 판단하는 자는
곧 율법을 비방하고 율법을 판단하는 것이라
네가 만일 율법을 판단하면
율법의 준행자가 아니요 재판관이로다
(약 4:11)

할 일 없는데
잠이나 자지 뭐

농촌에는 오후에 소를 몰고 산으로 가서 풀을 뜯깁니다. 저녁 해가 져서 어둑어둑해질 때면 소를 몰고 집으로 내려옵니다. 10살이 되면서부터 점심만 먹으면 몸집이 열 배도 더 되는 소를 몰고 언제나 산을 올랐습니다. 그럴 때면 동네 총각들도 지게를 지고서 산을 같이 오르곤 했습니다. 산을 내려올 때면 소들의 배는 풍선처럼 팽팽하고, 총각들의 지게 짐도 팽팽했습니다.

그런데 항상 몇몇 총각들의 지게는 헐렁했습니다. 늘 한잠씩 푹 자고 나서 일을 하니 지게를 채울 수가 없기 때문이었습니다.

몇 년을 지내고 서울에서 공부를 하다가 방학이 되어 고향을 내려갑니다. 옛날의 그 총각들은 한결같이 아들 딸 낳고 살고 있습니다. 그런데 너무나도 분명한 것은 옛날 소 먹이던 시절에 지게 짐이 팽팽했던 총각들은 지금도 살림살이가 팽팽하고, 지게 짐이 헐렁했던 총각들은 여전히 허덕이고 있습니다.

할 일이 없다구요?
그럼 무슨 일을 할까 생각하세요.

문짝이 돌쩌귀를 따라서 도는 것 같이
게으른 자는 침상에서 도느니라
(잠 26:14)

될 대로 되라지

만물은 모두 자기의 길이 있습니다.
하잘 것 없이 보이는 개미도 아무렇게나 되는대로 돌아다니지 않습니다. 목적이 있고 기준이 있습니다. 기러기도 길이 있고, 철새도 목적지가 있습니다.
새들은 아무 방향으로나 닥치는 대로 날아가지 않습니다. 해와 달도 길이 있고, 별들도 궤도가 있습니다. 만약 별들이 "될 대로 되라지." 하고 궤도를 벗어난다면 우주의 종말이 오고 말 것입니다.

사람은 만물의 으뜸입니다. 그 어느 것도 사람을 따를 수가 없습니다. 그러니 사람은 마땅히 길이 있습니다.
아무리 앞이 안 보이고 캄캄해도 "될 대로 되라지." 해서는 안됩니다. 안개로 시야가 가리면 운항하던 비행기는 기다리던지 인근 공항으로 되돌아갑니다. "될 대로 되라지." 하면서 무조건 비행기를 착륙하는 기장은 없습니다.

내 인생의 앞길에 시야가 가린다고 "될 대로 되라지." 하지 마세요.
안개는 잠시 후면 사라집니다.
조금만 더 참고 기다리세요.

자기의 마음을 제어하지 아니하는 자는
성읍이 무너지고 성벽이 없는 것과 같으니라
(잠 25:28)

고생해 봐야
무슨 낙이 있습니까?

사람은 무엇을 먹고 삽니까?

밥을 먹고 산다고요? 맞습니다. 어디 밥만 먹습니까? 햄버거도, 피자도, 떡볶이도, 어묵도, 순대도 먹고, 그 징그러운 돼지머리도 먹습니다. 그뿐입니까? 건강에 좋다니까 잠자는 개구리도 억지로 깨워서 잡아먹고, 원숭이 골도 먹는다고 하지 않습니까?

그러면 사람은 무엇을 먹고 살아야 합니까? 사람은 꿈을 먹고 삽니다. 오늘보다 나은 내일의 꿈, 오늘보다 좋은 내일을 그리며 살아가는 것입니다. 비좁은 월세방에서 주인의 눈치를 참으며 사는 것도 내일의 마이홈My Home을 꿈꾸기에 가능하고, 지옥철地獄鐵에서 단추가 떨어져 나가고, 새로 산 구두가 짓밟혀도 내일의 마이카My Car를 꿈꾸기에 가능합니다. 엄동설한 길가에서 연탄불 하나 의지하고 추위를 온몸으로 받아들이는 노점상도 내일의 내 가게를 꿈꾸기에 견딜 수 있는 것입니다. 허리가 휘어지도록 무거운 짐을 진 농부도 서울 간 아들이 출세해서 자가용 타고 고향을 찾아올 날을 꿈꾸기에 멀리 서울 하늘을 바라보며 웃음 짓는 것입니다.

꿈을 가지세요. 고생 후엔 반드시 낙이 있습니다.

너희도 길이 참고 마음을 굳건하게 하라 주의 강림이 가까우니라
(약 5:8)

자식 키워봐야
뭐합니까?

돼지는 잡아먹기 위해 키웁니다.

무나 배추도 먹거나 시장에 내다 팔기 위해 가꿉니다.

그러나 자식은 잡아먹기 위해서도 아니고, 팔아먹기 위해서도 아닙니다. 자식은 하나님께서 주신 기업입니다. 내 소유물이라는 개념보다는 하나님께서 맡겨 주셨다가 도로 찾으시는 하나님의 선물이라는 개념으로 양육해야 합니다.

자녀를 육신이 자라도록 먹이고, 지식이 자라도록 교육하고, 하나님의 자녀인 것을 알게 하기 위해 성경을 가르치고, 영적인 교육을 시키는 것입니다.

허리가 휘도록 고생하며 키웠는데 자식은 그것을 아는지 모르는지 훌쩍 떠나가 버릴 때, 허전한 마음이 있을 것입니다.

그러나 자녀의 마음속에 하나님의 말씀을 심어 주었다면 가장 보람 있는 일을 한 것입니다.

지식도 좋고, 성공도 좋습니다.

그러나 무엇보다도 하나님의 말씀으로 키우시기 바랍니다.

또 아비들아 너희 자녀를 노엽게 하지 말고
오직 주의 교훈과 훈계로 양육하라
(엡 6:4)

이놈의 나라 다 썩었어

악어를 보면 딱딱하다고 말합니다.

토끼를 보면 부드럽다고 말합니다. 그러나 악어도 부드러운 부분이 있고 토끼에게도 이빨같이 딱딱한 부분도 있습니다. 조개를 딱딱하다고 해야 합니까? 부드럽다고 해야 합니까? 껍질은 비할 데 없이 딱딱하지만 속은 얼마나 부드럽습니까? 고슴도치에게도 부드러운 면은 있는 법입니다.

몇 사람의 부정부패를 보고 모두 다 썩었다고 욕하거나 비난하지 마세요. 성실하게, 청렴결백하게 사시는 분들이 훨씬 더 많습니다.

꼴뚜기 한 마리가 어물전 망신을 시킨다고 해서 나머지 싱싱한 생선들까지 모두 버리는 사람은 없습니다. 사과 몇 개가 썩었다고 해서 상자 채로 내버리는 사람도 없습니다. 꼴뚜기는 씻으면 되고, 썩은 사과는 더 썩지 않도록 도려내고 잘 보관하면 됩니다.

썩은 면만 보지 말고, 싱싱한 면도 보면서 서로 애쓰면 더 이상 썩지 않는 좋은 나라가 될 수 있을 것입니다.

주 여호와의 말씀이니라 내가 어찌 악인이 죽는 것을 조금인들 기뻐하랴
그가 돌이켜 그 길에서 떠나 사는 것을 어찌 기뻐하지 아니하겠느냐
(겔 18:23)

CHAPTER. 7
자나 깨나 말조심

요즘 세상이 하도 험해서
누군가 이런 말을 했다.
"자나 깨나 딸 조심! 자는 딸도 다시 보자."
그러나 이런 말이 유행하면 더 좋지 않을까?
"자나 깨나 말조심! 닫힌 입도 다시 보자."
자! 이제부터 주둥이를 닫고 입술을 열자.
소망을 선포하자.
감사를 날려 보내자.
복음을 날려 보내자.
온 세상에….

죽으라고 일해 봐야
다 남 좋은 일 시키는데 뭘

내 것과 남의 것. 소유의 개념도 생각의 차이에 따라서 엄청난 차이를 가져옵니다.
내 소유가 적다면 참 적습니다. 불과 몇 십 평의 아파트만 내 소유이고, 이 세상 모든 것은 남의 것이라고 생각할 수 있습니다. 그러나 생각을 바꾸어 보면 모든 것이 다 내 것입니다.

설악산도 내 것입니다. 내 마음대로 대청봉 정상을 밟고 설 수가 있습니다. 아무도 막지 않습니다. 지리산도 내 산입니다. 계곡도, 폭포도 모두 내 것입니다. 마음대로 사진을 찍고 발을 담급니다. 어디 그뿐입니까? 해외에 있는 나이아가라 폭포도, 그랜드캐니언도, 요세미티 공원도 다 내 것입니다. 보고, 감탄하고, 마음대로 즐길 수가 있습니다. 다 하나님 아버지의 것이기에 자녀의 것도 됩니다.

회사도 내 회사입니다. 부서도 내 부서입니다. 학교도 내 학교입니다. 내가 열심히 하면 내 회사가 발전을 합니다. 내가 자랑하면 내 학교의 명예가 올라갑니다.
생각을 바꾸세요. 시각을 돌리세요. 죽어라고 일하면 남에게도 좋은 일이 되지만, 먼저 내게 복이 됩니다.

우리 각 사람이 이웃을 기쁘게 하되
선을 이루고 덕을 세우도록 할지니라
(롬 15:2)

언제 또 보겠냐?
바가지 씌워야지

사람의 인연은 참으로 묘합니다.

언제, 어떤 환경에서 다시 만나게 될지 알 수 없습니다.

1년 전만 해도 연세대학교 농구스타로 연세대학교를 우승으로 이끌던 이상민 선수가 불과 몇 달 후에는 상무 유니폼을 입고 모교인 연세대학교를 준결승에서 매정하게 좌절시키는 광경을 보았습니다. 어제의 동지가 오늘의 적이 되고, 어제의 적이 오늘의 동지가 되는 승부의 세계가 스포츠에는 많습니다. 우리네 삶에도 그런 일들은 얼마든지 있습니다. 사장님이 사업에 실패하여 취직을 했는데 얼마 전까지 자기 밑에 있던 직원이 성공해서 세운 회사에 들어간 적도 있습니다.

우리는 언제나 어떤 사람에게나 잘해야 합니다. 원수를 맺지 말아야 합니다. 우리나라를 찾아 오는 해외 관광객들에게도 언제 또 보겠냐고 바가지 씌우는 경우가 많습니다. 여름 한철 얄팍한 상술로 장사하는 피서지에서도 비슷한 경우가 많습니다.

성숙해집시다.

언제 어디서 누구에게나 최선을 다하세요.

할 수 있거든 너희로서는 모든 사람과 더불어 화목하라
(롬 12:18)

어디 한탕 할 데 없을까?

이 땅에는 여러 가지 사상이 있습니다.
민주주의, 공산주의, 자본주의, 물질만능주의, 배타주의, 이기주의 등
이 있습니다. 거기에 한탕주의까지 있습니다. 이 한탕주의는 우리나라
의 급속한 경제 발전과 빈부의 격차에서 생겨난 하나의 사생아라고 할
수 있습니다.

차근차근 저축해서는 방 한 칸 마련하기가 쉽지 않으니 한탕주의로 흐
르기 쉽습니다. 한탕만 잘하면 일평생 놀고먹을 수 있습니다. 한탕만
잘하고 손 씻으면 될 것 아닌가 하고, 남의 것에 손을 대다가 일생을
허탕으로 마감하는 사람들도 많습니다.
산은 아래서부터 걸어서 정상에 올라야 제 맛이 납니다. 헬기로 정상
에 내리면 아무 맛이 없습니다.
한탕주의는 결국 인생을 허탕으로 끌고 갑니다.

차근차근주의로 사세요.
한걸음주의로 사세요.
한걸음에 담긴 행복의 맛이 얼마나 진국인지 체험하면서 말입니다.

우리가 들은즉 너희 가운데 게으르게 행하여
도무지 일하지 아니하고 일을 만들기만 하는 자들이 있다 하니
(살후 3:11)

5분만 더 잘게요

5분이 5분으로 끝나면 좋습니다.
이 5분이 10분이 되고 1시간이 되기가 쉽습니다. 5분이 문제가 아니라 미루는 습관이 문제가 됩니다. 그런 사람은 말로는 설악산을 열 번 이상 다녀왔지만 발로는 한 번도 가기 힘듭니다. 허용되는 거짓말이 몇 가지 있습니다.

"나 시집 안가요."
"밑지고 파는 겁니다."
"늙으면 빨리 죽어야 돼."
거기다 요즘 추가된 한 가지가 더 있습니다.
"언제 점심 한번 합시다."
이 말을 쉽게 하고 쉽게 대답하지만 막상 연락하고 만나서 식사하는 예는 좀처럼 없습니다.
습관은 참 귀합니다. 그리고 무섭습니다.

좋은 습관을 들이세요. 미루는 습관은 좋지 않습니다. 그때그때 하세요. 계획을 세우고 하세요. '5분만 더'가 습관이 되면 50을 넘는 인생의 황혼기가 되기 쉽습니다.

주의 목전에는 천 년이 지나간 어제 같으며
밤의 한 순간 같을 뿐임이니이다
(시 90:4)

친구들 다 그래요

핑계 없는 무덤이 없다고 합니다.
처녀가 아이를 낳아도 할 말이 있다고 합니다. 학생들을 가르치면서 가장 안타까운 것 한 가지가 있습니다. "친구들 다 그래요."입니다. 분명 자기가 잘못해도 남들도 다 그러니 자신의 잘못도 별 것 아니라는 자세입니다.

"이 정도는 아무것도 아니에요.
이보다 훨씬 더하는 친구들이 얼마나 많은데요."
오히려 자신은 상대적으로 더 선하고, 이 정도의 것을 가지고 오히려 나무라는 쪽을 훈계하는 듯한 태도가 있습니다.

남들이 다 한다고 따라하지 마세요. 남들이 다 간다고 따라 가지 마세요. 요셉도, 다니엘도 따라하지 않았기 때문에 위대한 인물이 되었습니다. 형들이 팔아먹었다고 따라서 복수하지 않았고, 남들이 모두다 우상에게 절한다고 따라서 굴복하지 않았습니다.

친구들이 다 그래도 그 길이 옳지 않다면 가지 마세요.

> 복 있는 사람은 악인들의 꾀를 따르지 아니하며
> 죄인들의 길에 서지 아니하며
> 오만한 자들의 자리에 앉지 아니하고
> (시 1 : 1)

쟤가 먼저 그랬어요

아담의 특기가 떠넘기기였습니다.

하와의 특기 역시 남에게 떠넘기기였습니다. 이 두 분을 인류 최초의 조상으로 하여 계속 이어받은 우리들 역시 떠넘기기가 주특기로 되어 있습니다.

분명히 자기가 잘못해서 지적을 받았는데도 즉시 떠넘깁니다. "쟤가 먼저 그랬어요." 나는 잘못도 없고 가만히 있는데 옆의 친구가 장난을 걸어와서 나는 반응한 것밖에 없으니 모든 잘못은 친구에게 있다는 주장입니다. 물론 원인을 제공한 쪽도 잘못이 있습니다. 그러나 그 원인 제공에 가담하여 행동한 쪽도 잘못이 있습니다. 그렇지만 즉시 떠넘기는 것이 우리의 속성인가 봅니다.

잘못을 시인하세요. 물귀신 마냥 모두 끌고 들어가서 같이 죽지 말고 내 선에서 문제가 마무리 되도록 인정하세요.

"쟤가 먼저 그랬어요." 하지 마시고,

"네, 제가 잘못했습니다." 하세요.

이에 베드로가 예수의 말씀에 닭 울기 전에
네가 세 번 나를 부인하리라 하심이 생각나서
밖에 나가서 심히 통곡하니라
(마 26:75)

너 같은 건 필요 없어

보잘것없어 보인다고 업신여기지 마세요.
아무도 상상 못했던 위력을 발휘할지 누가 압니까?
어린아이의 지혜가 때로는 어른들을 위기에서 건지기도 합니다.
형들은 다윗을 건방지다고 했으나 소년 다윗은 이스라엘을 구했습니다. 골리앗은 다윗을 개보다 못하게 업신여겼지만 자신이 목 베임을
당하고 말았습니다.

작은 개미들의 힘은 대단합니다. 꿀벌의 힘도 대단합니다.
어린아이의 의견이라고 묵살하지 마세요. 배우지 못한 사람의 말이라
고 얕보지 마세요. 지식의 말은 배운 사람이 나을지 몰라도 지혜로운
말은 배운 것과는 아무런 상관이 없습니다. 지식은 사람에게 약간의
유익을 주지만, 지혜는 사람을 살립니다.

예수님은 왕궁보다는 마구간에서,
더블베드double bed보다는 말구유에서,
위풍당당한 준마보다는 어린 나귀를 타셨습니다.

예수는 한 어린 나귀를 보고 타시니
(요 12:14)

어쩔 수 없었어요

어쩔 수 없는 경우가 종종 있습니다.

내가 가지고 있는 힘으로도 어쩔 수 없고, 수중에 돈으로도 어쩔 수가 없고, 내 실력으로도 어쩔 수 없는 불가항력적인 일들이 있습니다. 내 능력으로는 도저히 어쩔 수가 없는 불가능한 일들이 분명히 있습니다. 그러나 문제는 그 어쩔 수 없이 큰일들을 마주 대하는 내 자신의 마음 가짐입니다.

바위처럼 커다란 문제 앞에서 그 바위를 한 번도 밀어보지 않고, 손으로 안되면 기계를 사용해서라도 밀어보려는 한 번의 진지한 시도도 없이 "어쩔 수 없었어요." 해서는 안됩니다.

밀어보세요. 그래도 끄덕도 안 하면 다른 방법을 연구해 보세요. 그래도 길이 없으면 도움을 청하세요. 도움의 길은 찾기에 따라 여러 갈래에서 옵니다. 하나님께서는 해결 방법이 많으십니다.

어쩔 수 없는 커다란 벽 앞에 지금 서 계십니까?
실망하지 말고 밀어보세요.
기도라는 불도저를 타고 밀어보세요.

예수께서 이르시되 할 수 있거든이 무슨 말이냐
믿는 자에게는 능히 하지 못할 일이 없느니라 하시니
(막 9:23)

그래봐야 별 수 있겠어요

아닙니다. 그렇게 해보면 될지도 모릅니다.

발명은 이렇게 하다가 안될 때에 저렇게 또 해보면 될 때가 있습니다.

쉽게 포기하지 않는 사람이 성공을 쟁취합니다.

조금 전에 대학농구를 시청했습니다. 연세대학교가 경희대학교를 12점 차이로 이기고 있었고, 종료 시간은 불과 1분여를 남기고 있었습니다. 이제는 그 어떠한 상황이 일어나더라도 경희대학교가 연세대학교를 역전시킬 수 있는 길은 없는 상황이었습니다. 바로 그때, 경희대학교 감독은 선수들을 불러들여 작전 지시를 내렸습니다.

"끝까지 포기하지 마라. 너희들은 너무 일찍 포기했다. 종료를 6분이나 남겨놓은 상황에서도 포기한 듯한 경기를 했다. 그것은 잘못이다. 지금부터라도 끝까지 싸워라. 전면 강압 수비로 나가고 최선을 다해라."

도저히 뒤집을 수 없는 상황에서 감독은 포기하지 말 것을 지시했습니다. 물론 경희대학교는 졌습니다. 그러나 오늘의 경기는 두 팀 모두의 승리라고 생각합니다.

보라 인내하는 자를 우리가 복되다 하나니
너희가 욥의 인내를 들었고 주께서 주신 결말을 보았거니와
주는 가장 자비하시고 긍휼히 여기시는 이시니라
(약 5:11)

내가 고집이 있지
절대 사과 안 한다

고집부리는 것을 자랑스럽게 말하는 사람들이 있습니다.
집념이 강하다는 것을 보여주기 위함일까요? 고집을 부려서 상대를
굴복시킨 것을 자랑거리로 말하는 사람들이 있습니다. 이래 봬도 내가
대단하다는 것을 보여주기 위함일까요?
사람에게는 고집이 필요합니다. 그래야만 추진력이 있습니다. 그러나
고집도 고집 나름입니다. 좋은 일에 고집을 부리면 끈기 있는 사람이
되지만 좋지도 않은 일에 고집을 부리면 호기만 부리는 사람이 되고
맙니다.

어릴 때, 깨어진 병조각을 통해 누가 해를 오래 쳐다보나 하는 어리석
은 시합을 한 적이 있습니다. 눈이 나빠지는 것도 모르고 그저 남보다
대단하다는 칭찬을 받으려고 고집을 부리다가 눈이 나빠진 친구들도
있습니다.

고집을 부리세요. 그러나 반드시 짚고 넘어가세요.
나에게도 남에게도 유익을 주는 고집인지, 내 자랑거리의 고집인지를
말입니다.

미련한 자를 곡물과 함께 절구에 넣고 공이로 찧을지라도
그의 미련은 벗겨지지 아니하느니라
(잠 27:22)

출신 성분이
의심스럽구만

한 가지를 보고 전체를 평가하지 마세요.

말투만 듣고 성품을 미리 결정짓지 마세요. 빙산도 보이지 않는 부분
이 더 크고 나무도 가지보다는 뿌리가 더 깊고 무성합니다.

우리나라의 병폐 중 하나가 지역감정입니다. 괜히 지역 특성을 배경에
먼저 깔아놓고 평가합니다. 그러다가 한 가지만 이상한 것이 보이면
이내 다 그랬던 것처럼 말해 버립니다.

우리는 지역감정을 뛰어 넘어야 합니다.

집 앞의 작은 언덕도 넘지 못하면서 멀리 태산을 넘으려고 해서는 안
됩니다. 바다로 나아가려면 먼저 강을 건너야 합니다. 50kg도 허우적
거리면서 100kg을 들어 올리려고 힘을 써도 안됩니다.

우리는 백의민족이요, 자랑스러운 민족입니다.

출신을 넘어, 지역을 넘어, 동문을 넘어, 세계로 나가야 합니다.

오직 강하고 극히 담대하여
나의 종 모세가 네게 명령한 그 율법을 다 지켜 행하고
우로나 좌로나 치우치지 말라 그리하면 어디로 가든지 형통하리니
(수 1:7)

너만 고생했냐?

너만 고생했냐? 나도 고생했다.
너만 잘났냐? 나도 잘났다.
너만 대학 나왔냐? 나도 나왔다. 너만 갖고 있냐? 나도 갖고 있다.
사람은 자기가 갖고 있는 것을 은근히 자랑하고 싶어 합니다. 반지를
새로 끼면 바람도 없는 날 괜히 머리를 쓸어 올리고, 구두를 새로 사
신으면 발을 들었다 놓았다 한다지 않습니까?

조금만 힘든 일을 하면 산이라도 혼자 옮긴 듯 무용담을 늘어놓기도
합니다. 고생한 사람에게 고생 좀 했다고 하면 어떻습니까?
"고생 많으셨네요." 하고 말해 주세요.
잘난 사람이 좀 잘난 척 하면 어떻습니까? "멋지네요." 라고 말해 주세
요. 괜스레 시기하고 험담해서 기분 상할 필요가 없잖아요? 꽃을 심으
면 꽃밭이 되고, 쓰레기를 내다버리면 쓰레기장이 됩니다.

마음에 꽃밭을 가꾸세요.
입술로 꽃씨를 뿌리세요.
그리스도의 향기를 발하세요.

우리는 구원 받는 자들에게나 망하는 자들에게나
하나님 앞에서 그리스도의 향기니
(고후 2:15)

역시 짐작했던 대로야

추리물 영화를 보면 의심쩍은 사람을 수사관이 미행합니다.
뒷조사를 하고 전과를 조사해 보고 미행하고 잠복하다가 드디어 현장
을 목격하고는 "역시 짐작했던 대로야." 하고는 체포합니다. 수사관의
임무로는 당연하고 칭찬 받을 일들입니다.

우리네 일상적인 삶에서도 마치 수사관처럼 의식하고 행동하는 사람
들이 있습니다. 동료를 의심하고, 친구를 다른 눈으로 보고, 가족을 편
견의 눈으로 볼 때도 있습니다. 그래서 잔뜩 그 방면으로 신경을 곤두
세우고 눈길을 보내고 있다가 조금이라도 이상한 일이 발견되면 "역시
짐작했던 대로야." 하고 아주 철저하게 그런 것처럼 속단해 버리는 경
우가 있습니다.

편견은 친구를 이간합니다.
동료와 적이 됩니다.
가족과 불화를 가져옵니다.
동전의 한 면만 보면 숫자밖에 없지만 눈길을 조금만 돌리면 무궁화
꽃도 있고, 다보탑도 있고, 선비도 있고, 두루미도 있습니다.

칼로 찌름 같이 함부로 말하는 자가 있거니와
지혜로운 자의 혀는 양약과 같으니라
(잠 12:18)

그 얼굴에 화장한다고
별 수 있냐?

여자가 원한을 품으면 오뉴월에도 서리가 내린다고 했습니다.
특히 그 외모에 대해 비난하면 그 상처가 매우 큽니다. 남자는 명예에
신경 쓰지만 여자는 외모에 신경을 씁니다. 그래서 육체와의 전쟁도
선포하고 살과의 전쟁도 선포하며 최선을 다하고 있습니다.
누구에게나 약점은 있습니다. 이 약점을 건드리면 어느 누구를 막론하
고 싫어합니다. 그렇기 때문에 우리는 서로의 약점을 감싸주고 보호해
주어야 합니다.

아무리 가까운 부부사이라 할지라도 약점을 건드리지 마세요. 허물없
이 친하게 지내는 친구라 할지라도 친구가 들춰내기 싫어하는 약점을
공개하지 마세요.

모처럼의 외출을 앞두고 콧노래를 부르며 화장대 앞에 앉아 있는 아내
를 향해 한마디 쏘아붙입니다.
"그 얼굴에 화장한다고 별 수 있냐?"
그날의 외출은 여러분의 상상에 맡깁니다.

입과 혀를 지키는 자는 자기의 영혼을 환난에서 보전하느니라
(잠 21:23)

네가 나한테
그럴 수 있냐?

고난주간에 이 글을 쓰고 있습니다.

가룟 유다가 예수님을 배반했습니다. 예수님을 팔고도 태연히 나타나서는 "선생님, 안녕하십니까?" 하며 입을 맞추는 위선을 보였습니다. 천하에 몹쓸 배신자 앞에 예수님은 의연하셨습니다. "네가 나한테 그럴 수 있냐?"며 멱살을 잡고 흔들지도 않으셨습니다.

우리는 작은 친절을 베풀고도 인사를 기다립니다. 작은 물질적 도움을 주고도 감사의 표시를 기대합니다. 왼손이 하는 것을 오른손이 모르기를 원하셨지만 오른손은 물론 다른 사람의 손까지 알기를 원하고 나팔을 불어주기를 원합니다.

공작새는 구경꾼이 많아야 날개를 펼칩니다. 사람은 박수가 많아야 일도 많이 합니다. 구경꾼이 없어도, 박수가 없어도 좋은 일을 많이 하면 얼마나 좋을까요?

너는 구제할 때에 오른손이 하는 것을 왼손이 모르게 하여
네 구제함을 은밀하게 하라 은밀한 중에 보시는
너의 아버지께서 갚으시리라
(마 6:3-4)

하는걸 보니 뻔할 뻔자군

전반전 경기만 보고 "뻔할 뻔자군!" 하면서 후반전을 안 보는 사람이 있습니다.
기막힌 후반전의 역전 드라마를 못 보는 사람입니다.
"코스를 보니 별 것 없겠군!" 하고 중턱에서 산을 내려오는 사람이 있습니다. 조금만 더 오르면 나타날 가슴 저리는 기막힌 절경을 못 보는 사람입니다.
지루하다고 중간에 극장을 나오는 사람이 있습니다. 숨 막히는 클라이맥스 장면의 최고조를 못 보는 사람입니다.

몇 가지만 보고 장래까지 속단해 버리면 잘못 결정할 경우가 많습니다. 뛰어난 대가도 시작할 때는 어색한 사람이 있습니다. 시작부터 잘하는 사람이 있기는 하지만 다 그렇지는 않습니다.
좀 더 지켜보세요.
애정을 가지고 좀 더 기다려 보세요.

"아, 저런 면이 있었구나!" 라는 놀라운 발견을 할 수 있을 것입니다.

울며 씨를 뿌리러 나가는 자는 반드시 기쁨으로
그 곡식 단을 가지고 돌아오리로다
(시 126:6)

이런 걸 눈뜨고 골라왔니?

누구나 말조심을 해야 하지만 특히 윗사람이 아랫사람 앞에서 더 조심해야 합니다.
아랫사람이 잘못했을 경우는 윗사람이 나무라기도 하고 시정해 줄 수도 있지만 윗사람이 잘못하면 상처받고 속으로 경멸하는 고치기 힘든 결과를 낳기 쉽기 때문입니다.

"이런 걸 눈뜨고 골라왔니?"
"너는 눈을 폼으로 달고 다니냐?"
"어디 고를 것이 없어 이 따위를 골라왔냐? 눈이 삐었구먼."

이런 상처 깊은 말들을 절대 하지 마세요. 다소 마음에 들지 않은 것을 골라왔다 하더라도 안목이 있는 윗사람이 알려주고 키워나가는 것이 아름다운 관계가 아닐까요?

주먹으로 맞은 상처는 멍을 남기지만, 말로 맞은 상처는 원한을 남깁니다. 부드러운 말을 하세요. 오고가는 정다운 대화 속에 행복의 꽃이 피어납니다.

오래 참으면 관원도 설득할 수 있나니
부드러운 혀는 뼈를 꺾느니라
(잠 25:15)

자식 보니까
부모도 뻔하겠군

자식은 부모를 닮습니다.

모습은 물론이고 목소리까지 닮는 것을 보면 참 신기합니다. 어릴 적에 다리 밑에서 주워다가 길렀다는 말을 많이 들었습니다. 얼마나 속 상했는지 모릅니다. 그러나 커가면서 부모를 쏙 빼듯이 닮아 가는 것을 보고 거짓으로 놀려댄 것임을 깨닫고 안심한 경험을 했습니다.

자식이 부모의 영향을 받는 것은 사실입니다. 그러기에 부모 된 우리가 모든 일에 조심하고 본이 되어야만 하겠습니다.

그러나 자식의 일부분을 보고 부모까지 싸잡아 욕해버리는 경솔함은 하지 않아야 합니다. 히스기야 같이 선한 왕 밑에서도 므낫세 같은 천하의 악한 왕이 나올 수 있고, 사울 왕같이 옳지 않은 왕 밑에서 요나단 왕자 같은 의로운 인물이 있기 때문입니다.

자꾸 누구랑 결부시키지 마세요.

멱살 잡는 국회의원이 텔레비전에 비쳤어도 모든 국회의원들이 싸움꾼은 아니기 때문입니다.

**사연을 듣기 전에 대답하는 자는
미련하여 욕을 당하느니라**
(잠 18:13)

빌어먹기 꼭 좋겠다

못사는 나라일수록 욕이 많습니다.
불행한 가정일수록 대화 속에 욕이 많이 섞입니다. 실패하는 사람의
입에는 욕이 떠나지 않습니다.

버스 뒷좌석에 고등학생으로 보이는 몇 명이 떠들며 대화를 나누고 있
었습니다. 그들의 말속에는 욕설이 끊임없이 섞여 있었습니다. 반드시
중간에 욕이 섞여야 말이 연결되었습니다. 구슬을 줄에 길게 꿰듯 욕
이 섞이지 않으면 문장이 성립되지를 않았습니다. 기분 나쁜 내용이
아닌데도 욕은 언제나 섞여 있었습니다.

언어도 습관입니다. 습관이 되다보면 어른 앞이든 선생님 앞이든 평소
의 말들이 튀어나오게 되어 있습니다.
에어로빅도 하고, 조깅도 하고, 헬스도 합니다. 몸을 아름답게 가꾸기
위해 많은 돈과 시간을 투자하며 훈련합니다. 그러나 먼저 입을 훈련
하세요.

입 훈련만 잘되면, 천하를 얻습니다.

마음이 굽은 자는 복을 얻지 못하고
혀가 패역한 자는 재앙에 빠지느니라
(잠 17:20)

눈꼴사나워
못 봐 주겠네

부드러운 눈으로 보면 더욱 좋게 보이고, 싫었던 것도 어쩐지 괜찮게 보입니다.
다소 못마땅한 광경을 봐도 이해하는 입장에서 보게 됩니다.

눈에 힘이 들어가면 상황이 전혀 달라집니다. 그동안 그 정도는 괜찮게 보였던 것들이 기분 나쁘게 보이고, 평소에 좋지 않게 보아왔던 것들은 눈꼴사나워 못 봐 주게 됩니다.

사람의 지체 중에서 힘이 들어가면 좋은 것은 없습니다. 눈에 힘이 들어가면 도끼눈이 되고, 입에 힘이 들어가면 욕설이 나옵니다. 어깨에 힘이 들어가면 헛스윙이 나오고, 발에 힘이 들어가면 헛발질하기가 쉽습니다.

힘을 빼세요.
눈에도, 입에도 힘을 빼고 부드럽게 대해 보세요.
낙숫물이 바위를 뚫습니다.

칼로 찌름 같이 함부로 말하는 자가 있거니와
지혜로운 자의 혀는 양약과 같으니라
(잠 12:18)

앓느니 죽고 말지

힘들다고 포기하지 마세요.
어려운 일이 계속 된다고 "될 대로 되라지." 하지 마세요. 앓는 것이 죽
는 것보다는 백 번 낫습니다. 앓다가 낫게 되어 건강한 몸으로 행복을
찾을 수 있지만 죽으면 더 이상 소망이 없습니다.

이렇게 사업이 어려울 바에야 차라리 망했으면 좋겠습니까? 자주 다
툴 일이 생긴다고 차라리 이혼하는 것이 좋겠습니까? 자식이 속을 썩
인다고 차라리 없어져 버리는 것이 좋겠습니까?

버스도 종점이 있고, 기차도 종착역이 있듯이 고생도 끝이 있습니다.
행복은 끝까지 참고 기다리는 사람에게 주어집니다. 연기자도, 스포츠
스타도, 학자도, 예술가도, 기술자도 그 어느 분야이든지 몸살을 앓듯
이 아파본 사람이 최고가 됩니다.

자! 아픔을 딛고 일어서세요.

두려워하지 말라 내가 너와 함께 함이라
놀라지 말라 나는 네 하나님이 됨이라
내가 너를 굳세게 하리라 참으로 너를 도와 주리라
참으로 나의 의로운 오른손으로 너를 붙들리라
(사 41:10)

이제 우린 끝장이야

"우리에게 내일은 없다!" 라는 영화가 있었습니다.
반면에 "내일을 향해 쏴라!" 라는 영화도 있었습니다. "내일이 없다."
라고 생각하고 사는 사람과 내일을 향해 쏘는 사람은 엄청난 차이가
있습니다.

신문기사에 한 젊은이의 기막힌 소식이 실려 있었습니다. 국회의원 총
선 결과에 비관한 여대생이 화장실에서 석유를 온몸에 뿌리고 분신자
살을 했습니다. 무엇이 그렇게 비관스러웠을까요? 국회의원 총선 결
과의 그 무엇이 그 여대생의 내일에 그렇게 큰 무게를, 그 무엇이 그
여대생의 마음에 이젠 끝장이라는 의미를 부여했을까요? 신문을 접으
며 아무리 생각해 보아도 알 수가 없었습니다. 그 여대생만큼 애국심
이 없어서 일까요? 나라와 민족의 장래에 너무 무관심 했나라는 무거
운 생각도 들었습니다.

끝장은 없습니다. 끝장은 마귀가 세워놓은 시장입니다.
다시 시작하세요. 내일을 향해 방아쇠를 당기세요.

보라 인내하는 자를 우리가 복되다 하나니
너희가 욥의 인내를 들었고 주께서 주신 결말을 보았거니와
주는 가장 자비하시고 긍휼히 여기시는 이시니라
(약 5:11)

어휴, 또 비야?

짜증이 나는 것은 어쩔 수가 없습니다.

그러나 짜증이 잠시 머물렀다가 지나가야지 계속 남아있으면 문제가 됩니다. 짜증이 가끔 들리는 손님이 되어야지 종업원이 되어서는 안됩니다. 짜증에게 자리를 내어주고 앉게 해서는 결코 안됩니다. 빨리 용무를 마치고 나가도록 문을 열어주고 등을 떠밀어야 합니다. 다시는 내 집을 찾지 않도록 구박을 해야 합니다.

시골 옆집의 강아지가 자주 우리 집을 놀러 왔습니다. 귀엽다고 머리를 쓰다듬어주고 먹을 것을 주었더니만 점점 자주 왔습니다. 처음에는 대문간에서 눈치를 살피던 녀석이 이제는 부엌에도 들어오고 마루에도 올라오더니 아예 방까지 들어와서는 실례까지 서슴없이 저지르는 상태까지 발전했습니다. 빗자루와 몽둥이로 후려치고 쫓아냈지만 그 버릇을 고치는 데는 적지 않은 시간이 흘러야 했습니다.

"어휴, 또 비야? 웬 놈의 날씨가 또 이래?"
짜증은 또 짜증을 불러들입니다.
비가 오면 다른 일을 찾아보세요. 또 새로운 일이 있을 것입니다.

분을 그치고 노를 버리며 불평하지 말라
오히려 악을 만들 뿐이라
(시 37:8)

왜 나만 자꾸 시켜요

자꾸 시킨다는 것은 그만큼 잘하기 때문입니다.
인정받고 있기 때문입니다. 자꾸 시킬 때가 좋습니다. 언젠가는 아무
것도 시키지도 않을 때가 옵니다. 하고 싶어도 시켜주는 사람이 없을
때보다 좀 힘들더라도 자주 시켜줄 때가 좋습니다. 노인정에는 별로
할 일이 없습니다.

"어둔 밤 쉬 되리니 네 직분 지켜서
찬 이슬 맺힐 때에 일찍 일어나
해 돋는 아침부터 힘써서 일하라
일할 수 없는 밤이 속히 오리라"
찬송가에서도 가르치고 있습니다.

일을 시키면 좀 자신이 없더라도 거절하지 말고 해 보세요. 곧 잘할 수
있게 되고 그만큼 보람도 있을 것입니다. 일하는 사람은 잡념이 없습
니다. 일하면 젊어집니다. 일하면 건강해집니다. 주어진 일들이 많으
신가요? 자부심을 가져 보세요.

"내가 일을 잘하는 모양이지? 일거리가 많은걸 보니…."

주 안에서 수고한 드루배나와 드루보사에게 문안하라
주 안에서 많이 수고하고 사랑하는 버시에게 문안하라
(롬 16:12)

너 땜에 내가 못살아

자식이 부모 뜻대로 잘 안될 때 가끔 이런 말을 합니다.
"너 땜에 내가 못 살겠다."
화가 나고 실망이 되더라도 말을 바꾸세요.
"너 키우는 재미에 우리가 산다."

나쁜 말을 하고 나면 하는 자나 듣는 자나 실망하고 낙심하게 됩니다.
화가 나면 사람의 입 앞에 있는 브레이크가 말을 듣지 않습니다. 그래
서 브레이크를 점검할 여유도 없이 말이 튀어나와 버립니다. 공부를
많이 하고 인격적으로 성숙한 고급 자동차라도 이때의 브레이크는 별
다른 효력을 발휘하지 못합니다. 그렇기 때문에 브레이크를 점검하기
보다는 마음을 먼저 다스려서 화가 나지 않도록 미리 조정하는 것이
좋습니다. 화가 끓어오르고 실망이 밀려오려고 하면 입에다 맡기지 말
고 마음에 맡겨서 일단 가라앉히는 것이 좋습니다.

어렵지만 연습하세요.
서로를 위해서 말입니다.

*내가 말하기를 나의 행위를 조심하여 내 혀로 범죄하지 아니하리니
악인이 내 앞에 있을 때에 내가 내 입에 재갈을 먹이리라 하였도다*
(시 39:1)

너 죽고 나 죽자

무슨 말씀을 그렇게 하십니까?

"너 죽고 나 죽자!"라니요. 너도 살고 나도 살아야지요. 신문 사회면에 자주 나타나는 불행한 사건은 바로 이 한마디가 일으키는 경우가 있습니다. 역사상 살인을 가장 많이 한 사람은 히틀러라고 할 수 있습니다. 그러나 또 하나의 살인범이 있다면 바로 "너 죽고 나 죽자!" 라는 말일 것입니다. 이 말 끝에 집에 석유를 뿌리고 불을 지른 사람도 많고, 부엌으로 달려가 식칼을 휘두른 주부도 많습니다. 친구를 죽인 불행도, 형제를 죽인 사건도, 사장을 찌른 사고도 바로 이 말 한마디가 가져다 준 위력인 것입니다.

아무리 화가 나고, 아무리 감정을 억제하기가 힘들어도 피해가야 할 말들이 있습니다.

"죽여라!"

"용기 있으면 찔러 봐라!"

"네 주제에 불지를 용기나 있나?"

"너 죽고 나 죽자!"

정 참기 어려우면 뜻 없는 소리라도 냅다 지를 것이지 사람을 자극하는 말은 결단코 하지 마세요.

입을 지키는 자는 자기의 생명을 보전하나
입술을 크게 벌리는 자에게는 멸망이 오느니
(잠 13:3)

이젠 더 이상
못 참겠어요

조금만 더 참고 기다려 보세요.
이젠 더 이상 참기 어렵다고 생각될 때가 거의 시련의 끝부분입니다.
이때만 잘 넘기면 새 아침이 밝아올 것입니다. 기온도 해가 뜨기 전에
가장 춥다고 합니다. 이젠 더 이상 참기 어려우신가요? 거의 어려움이
끝나가고 있다는 신호입니다.

마라톤 선수는 고통의 한계선을 달린다고 합니다. 얼마나 고통스러운
지 달리는 차바퀴 밑으로 뛰어들고 싶은 충동을 느낀다고 고백하고 있
습니다. 그러나 그 고비를 넘기면 결승 테이프가 기다리고 있는 것입
니다. 마지막 몇 미터를 참지 못하고, 마지막 며칠을 참지 못하고, 마
지막 몇 가지를 참지 못하고 영광의 문턱 바로 앞에서 좌절해서야 되
겠습니까?

조금만 더 참고 기다려 보세요.
보이지는 않으나 땅속에서는 새싹이 돋고 있습니다.

그는 넘어지나 아주 엎드러지지 아니함은
여호와께서 그의 손으로 붙드심이로다
(시 37:24)

이제 우리 갈라섭시다

해도 괜찮은 말이 있고, 절대 해서는 안되는 말이 있습니다.
남에게 주어도 괜찮은 것이 있고, 절대 주어서는 안될 것이 있습니다.
때에 따라 포기해도 무방한 것이 있고, 생명을 잃는다 해도 포기해서
는 안될 것도 있습니다.

재산은 내어준다 해도 정조는 내어줄 수 없습니다. 명예는 포기한다
해도 신앙은 포기해서는 안됩니다. 생명은 잃는다 해도 예수님을 잃으
면 안됩니다.
살다보면 부부가 싸울 때도 많습니다. 싸우다 보면 격한 말도 나오기
마련입니다. 그러나 결정적인 말은 하지 말아야 합니다.

"이제 우리 갈라섭시다."
"도저히 못 살겠으니 이혼합시다."
이런 말은 하지 마세요.

말은 씨앗입니다.
말은 능력이 있습니다.
말은 해버린 것들을 그대로 되게 만드는 기술이 있습니다.

미련한 자의 입은 그의 멸망이 되고
그의 입술은 그의 영혼의 그물이 되느니라
(잠 18:7)

이젠 가망이 없어요

이젠 가망이 없다고 생각하는 보통 환자와 나을 수 있다고 믿는 중환자는 곧 역전이 될 가능성이 높습니다.

두 사람의 환자가 병원을 찾았습니다. 한 사람은 장이 아주 좋지 않았습니다. 또 한 사람은 약간의 치료만 하면 곧 나을 수 있는 정도의 장 질환이 있었다고 합니다.
그런데 실수로 차트가 뒤바뀌어서 반대로 환자에게 전달되었다고 합니다. 심각한 증세를 지닌 환자가 별 것 아니라는 통보를 받고 기뻤습니다. 지금까지의 걱정과 스트레스를 몰아내고 희망 속에 살았습니다. 얼마 후, 그 환자는 깨끗이 치료를 받았다고 합니다. 그러나 별 것 아닌 환자는 중증이라는 통보를 받고 걱정과 근심 속에 자신감을 잃고 방황하다가, 곧 중증환자가 되어 버렸다는 것입니다.

좋게 생각하세요.
좋게 말하세요.
소망의 말을 하세요.
말하는 대로, 생각하는 대로 될 것입니다.

사람이 여호와의 구원을 바라고
잠잠히 기다림이 좋도다
(애 3:26)

나 같은 가난뱅이가
뭐 할게 있겠어요

일은 돈으로 하는 것이 아닙니다.
마음으로 하고 정성으로 하는 것이 돈으로 하는 것보다 더욱 능력이
있습니다. 가난해도 할 일은 많습니다.

육교 밑에서 구두를 닦는 소년이 있었습니다. 어느 날 최고급 승용차
를 타고 온 손님이 구두를 닦았습니다. 소년은 구두를 닦으면서도 계
속 그 승용차를 바라보았습니다. 신사가 말했습니다.
"저 승용차는 우리 형이 내게 사준 것인데, 너도 그런 형이 있었으면
좋겠지?"
소년은 고개를 흔들었습니다.
"아뇨, 저는 돈을 벌어서 제 동생에게 저런 차를 사주고 싶어요."

정신의 차이입니다. 받으려 하지 않고, 주려고 하는 정신입니다.
소년은 커서 분명히 동생에게 좋은 차를 사 주었으리라고 믿습니다.

가난하여도 지혜로운 젊은이가 늙고 둔하여
경고를 더 받을 줄 모르는 왕보다 나으니
(전 4:13)

개 팔자가
내 팔자보다 낫지

고생스러울 때 이런 말을 종종합니다.

그렇다고 개 팔자가 어찌 사람보다 낫다는 말입니까? 그럼 잠시 개처럼 살다가 보신탕집으로 끌려가던지, 주인의 사랑을 받는다 치더라도 잠시 후면 썩어 없어질 개 팔자가 낫다는 말입니까?

사람은 만물의 으뜸입니다.

영혼이 있습니다.

하나님의 형상으로 지음을 받았습니다.

진돗개, 사냥개, 잘 훈련된 군견, 마약 냄새를 맡아 밀수되는 마약을 적발해 내는 명견, 족보가 있고 혈통이 좋아 수 백 만원을 호가하는 비싼 개들, 그밖에도 이 지구상에 존재하는 수억의 개라는 개는 모조리 다 집합시켜도 어린아이 한 사람의 가치에는 어림없습니다.

개 팔자는 역시 개 팔자요, 사람은 사람입니다.

하나님이 자기 형상 곧 하나님의 형상대로
사람을 창조하시되 남자와 여자를 창조하시고
(창 1:27)

내가 누군데
그런 궂은 일을 해?

직업에는 귀천이 없습니다.
자기 역량에 맞게만 하면 모두 귀합니다. 힘들고 지저분한 일을 한다
고 사무실에 앉아 일하는 사람들보다 못한 것은 아닙니다.

사람의 지체 중 발이 가장 힘든 일을 합니다. 온몸의 무게를 모두 감당
합니다. 일은 발이 하고, 영광은 얼굴이 받습니다.
그러나 가만히 살펴보세요. 발은 이중 삼중으로 보호를 받습니다. 양
말을 신고 그 위에 구두를 신습니다. 그러나 얼굴은 영광을 받는 대신
욕도 먹습니다. 잘못을 저지르면 얼굴도 못 들고, 뺨도 맞고, 침 뱉음
도 당합니다. 겨울의 찬바람과 여름의 폭염을 그대로 받아야 합니다.

지위가 높으십니까?
예수님보다 높으십니까?
만왕의 왕이요, 만유의 주시요, 인간들의 심판주가 되시는 예수님도
섬기러 오셨습니다.

인자가 온 것은 섬김을 받으려 함이 아니라
도리어 섬기려 하고 자기 목숨을
많은 사람의 대속물로 주려 함이니라
(마 20:28)

돈이면 안되는 게 있나

돈으로 되는 일보다 안되는 일이 더 많습니다.
별로 중요하지 않은 것들은 돈으로 다 해결됩니다.
그러나 정말 중요한 것들은 돈으로 해결할 수가 없습니다.

영생을 돈으로 살 수 있나요?
불의의 사고와 재난을 돈으로 막을 수 있나요?
참 평안과 안식을 돈으로 얻을 수 있나요?
재물이 많을수록 번뇌도 더한 법입니다. 왜 부요한 자들이 더 갈등할
까요? 왜 풍족한데도 자살할까요? 왜 호화로운 저택에서 웃음소리가
들리지 않을까요?

돈은 귀가 밝습니다.
"너 없이는 못살아." 하는 사람은 죽음으로 끌고 가고, "돈이면 안되는
게 있나." 하는 사람은 불행으로 끌고 갑니다.
그러나 "네가 있으면 잘 쓰고 없으면 아껴서 살겠다." 라고 하면 좋은
친구가 되어 줍니다.

돈을 사랑함이 일만 악의 뿌리가 되나니
이것을 탐내는 자들은 미혹을 받아 믿음에서 떠나
많은 근심으로써 자기를 찔렀도다
(딤전 6 : 10)

시간이 좀먹냐?

시간은 좀먹습니다.

아니 시간이 가장 좀이 잘 먹습니다.

옷장에 넣어둔 옷은 몇 달이 지나야 좀이 먹지만, 시간은 여름철 음식처럼 잠시만 내버려두면 좀먹습니다.

시계는 느리게 움직이는 것 같은데 시간은 얼마나 빠른지 모릅니다. 아무리 빠르게 지나쳐간 기차도 뒤돌아보면 꼬리가 보이는데 시간은 되돌아보는 사이 또 새 것이 지나가고 맙니다.

시간을 아끼세요.

시간을 내 인생에 모시고 잘 대접하세요.

시간은 손님과 같아서 못 본 척 하면 그냥 지나가고, 잘 대접하면 며칠씩 자고 갑니다. 그냥 자고만 가는 것이 아니라 숙박료를 톡톡히 지불하고 갑니다. 어떨 때는 평생 먹고도 남을 숙박료를 지불하기도 하는 좋은 손님입니다.

창밖을 내다보세요. 바로 그 손님이 내 집을 지나가지는 않는지요?

얼른 맨발로라도 뛰어나가세요. 그리고 모셔들이세요.

옷 입고 신 신을 시간이 어디 있습니까?

우리의 모든 날이 주의 분노 중에 지나가며
우리의 평생이 순식간에 다하였나이다
(시 90:9)

너는 손이 없니,
발이 없니?

좋은 말은 많은데 좋은 입은 많지 않습니다.

요즈음은 입술 화장이 얼마나 발달되었는지 모릅니다. 색채도 다양하지만 기법도 다양합니다. 긴 얼굴에 잘 맞는 모양도 있고, 통통한 얼굴에 어울리는 모양도 있습니다. 피부색에도 맞추고 코의 생김새나 턱의 생김새에도 맞추어서 입술 화장을 합니다.

그러니 한결같이 입모습이 세련되어졌습니다. 두툼한 입술은 가늘어 보이게 화장을 하고 너무 가는 입술은 도톰하게 화장해서 얼굴과 균형을 맞추어 줍니다.

그런데도 그 입술을 통해서 나오는 말들은 화장이 되어있지 않습니다. 가시 돋친 것은 가시 돋친 그대로, 더러운 것은 더러운 것 그대로 정수처리가 되지 않은 채 이 세상으로 흘러들어 세상을 오염시킵니다.

"너는 손이 없니, 발이 없니?" 그러지 마세요.
"그 예쁜 손으로 나 좀 도와줄래?"가 어떨까요?

> 그들이 칼 같이 자기 혀를 연마하며 화살 같이 독한 말로 겨누고
> 숨은 곳에서 온전한 자를 쏘며 갑자기 쏘고 두려워하지 아니하는도다
>
> (시 64:3-4)

뭣 하러 그런 힘든 일을 사서 하니?

군대에서 강조하는 말이 있습니다.
"땀을 흘려야 피를 흘리지 않는다." 라는 말입니다. 고된 훈련을 통해
땀을 흘려야 전쟁에서 목숨을 잃지 않는다는 말입니다.
이 세상은 전쟁터와 같습니다. 생존경쟁에 시달립니다. 정신적 무장을
한 사람만이 생존합니다.

편한 것이 잠시는 좋습니다. 그러나 잠시의 편안함을 위해서 일생을
버리시겠습니까? 젊어서 고생은 돈 주고 사서라도 한다는 명언도 있
습니다. 지혜로운 사람은 힘든 일을 자기가 나서서 합니다. 그러나 미
련한 사람은 슬쩍슬쩍 빠져나갑니다. 결국 자신이 쳐 놓은 불행의 그
물에 걸리는 줄도 모른 채 말입니다.

힘든 일과 쉬운 일로 두 가지 갈림길에 서셨다면, 어느 길로 가시렵니
까? 힘든 길의 끝에는 참 평안과 안식이 기다리고 있지만, 쉬운 길의
끝에는 다시 되돌아오기 힘든 수렁이 있습니다.

좁은 문으로 들어가라 멸망으로 인도하는 문은
크고 그 길이 넓어 그리로 들어가는 자가 많고
생명으로 인도하는 문은 좁고 길이 협착하여 찾는 이가 적음이니라
(마 7:13-14)

그렇게 힘들여 한다고
누가 알아 주냐?

사람에게 인정받으려고 일하면 하나님 앞에서는 인정받지 못합니다.
누가 알아주기를 바라는 마음으로 일하지 마세요.
「문패와 비석」이라는 책을 쓰신 조효훈 목사님이 계십니다. 그분은 자
신의 책에서 이렇게 쓰고 있습니다.

"문패보다 비석을 중히 여기라.
문패는 당신이 마음대로 만들어 붙일 수가 있어도, 비석은 당신을 지
켜보던 사람들이 세워주는 것이다.
문패는 잠깐이나 비석은 오래 간다.
내 말은 당신이 살아서 내세우는 당신의 이름보다 당신이 죽은 다음에
남이 알아줄 당신의 이름을 귀히 여기라는 것이다."

그렇습니다. 문패에 시선을 집중시키지 말고, 비석을 바라보며 사세
요. 누가 알아주든 알아주지 않든지 비석을 향해 사세요.

사람에게 보이려고 그들 앞에서 너희 의를 행하지 않도록 주의하라
그리하지 아니하면 하늘에 계신 너희 아버지께 상을 받지 못하느니라
(마 6:1)

보는 사람 없는데
적당 적당히 해

어릴 때, 아버지께서 들려주신 이야기가 생각납니다.

어떤 아버지가 아들을 데리고 참외밭에 갔습니다. 물론 남의 참외밭입니다. 아들에게 망을 보라고 세워놓고 아버지는 열심히 참외를 따고 있었습니다.

그때 아들의 나지막한 소리가 들렸습니다.

"아버지, 누가 봐요!"

소스라치게 놀란 아버지가 허겁지겁 기어 나와서 물었습니다.

"어디서 누가 보냐?"

그러나 아들은 대답이 없습니다. 아들의 머리를 한대 쥐어박고서 아버지는 다시 참외를 땁니다.

또다시 아들의 소리가 들립니다.

"아버지, 진짜 보고 있어요!"

놀란 아버지가 다시 기어 나왔습니다.

"어디냐 어디?"

아버지가 무서운 아들은 이번에도 말을 못합니다.

세 번째 참외밭으로 들어간 아버지를 향해 아들은 또다시 크게 소리를 질렀습니다.

"아버지, 진짜 이번엔 진짜예요!"

다시 기어 나온 아버지를 향해서 아들은 담대하게 말했습니다.

"아버지! 하나님이 보고 계세요!"

보는 사람이 없습니까?

좋은 기회입니다. 더 열심히 하세요.

왜냐하면 사람이 보지 않을 때, 하나님께서 보시기 때문입니다.

눈가림만 하여 사람을 기쁘게 하는 자처럼 하지 말고
그리스도의 종들처럼 마음으로 하나님의 뜻을 행하고
(엡 6:6)

내일 또 하면 되는데
왜 이리 서두르냐

내일은 있습니다.
그러나 내일은 오늘을 마무리 한 사람에게만 새로운 날로 다가옵니다.
오늘을 적당히 얼버무린 사람이 맞이하는 내일은 내일이 아닙니다.

오늘 해야 할 일은 오늘 하세요.
미루는 습관을 가진 사람이 성공하는 경우는 기적에 속합니다. 기적도
물론 있습니다. 그렇다고 기적을 바라고 평생을 미루시겠습니까?
공부를 미루면 무식의 학위를 쓰고, 일을 미루면 가난의 사장이 됩니
다. 결혼을 미루면 양로원이 기다리고, 신앙을 미루면 마귀가 기다립
니다. 나는 나를 미루어도 별 문제가 없는데 세월은 내가 미루는 것들
을 모두 가져가 버립니다.
검은 머리를 가져가고, 기력을 가져갑니다.

오늘 해야 할 일인데 내일로 미룬 일이 있으신가요?
지금 하세요.

형제들아 나는 아직 내가 잡은 줄로 여기지 아니하고
오직 한 일 즉 뒤에 있는 것은 잊어버리고
앞에 있는 것을 잡으려고 푯대를 향하여
그리스도 예수 안에서 하나님이 위에서 부르신
부름의 상을 위하여 달려가노라
(빌 3 : 13~14)

뼈 빠지게 해봐야
남 좋은 일 시키는데 뭘

"재주는 곰이 넘고 돈은 사람이 번다." 라는 말이 있습니다.
누구는 죽어라 고생하고 누구는 일도 안 하고 고생한 사람의 혜택만
취하는 경우를 두고 하는 말입니다.

그렇지 않습니다. 열심히 일하는 사람에게는 반드시 보상이 있습니다.
설사 사람이 보상해 주지 않으면 하늘이 보상해 줍니다. 하나님께서는
결코 허술하게 지나치지 않으십니다. 반드시 행한 대로 갚으십니다.
하나님의 비디오카메라는 성능이 최고입니다. 은행에 설치해 놓은 카
메라와는 차원이 다릅니다.

부정적인 시각을 바꾸어 보세요.
나는 죽어라 일만하고 누구는 놀고먹는다는 시각을 바꾸세요.
누가 뭐라던 내가 할 일은 내가 열심히 하면 됩니다.

네 구제함을 은밀하게 하라
은밀한 중에 보시는 너의 아버지께서 갚으시리라
(마 6:4)

CHAPTER. 8
입술에 독이 되는 말

인류 역사는 아담과 하와 이래
오늘날까지 자신이 뿌린 말의 열매를
자신이 거두어들이는 역사를 되풀이하고 있다.
좋은 말이 많다.
그러나 나쁜 말도 많다.
어떤 말을 골라서 쓰느냐에 따라
인생이 결정된다.

내 것 아닌데
막 써버려

내 것이 아니라고 함부로 사용하고 낭비하는 것이야말로 우리 사회를
병들게 하고 국가를 망치는 커다란 적입니다.
공공 화장실의 수도꼭지를 빼가고, 공원의 수도꼭지를 잠그지 않아서
밤새 물이 흘러넘친다는 기사를 종종 읽고는 합니다. 그밖에도 사소한
부주의로 국가의 재산을 낭비하는 일이 얼마나 많은지 모릅니다.

해가 중천에 떠올랐는데도 가로등이 켜져 있는 경우도 있습니다. 정신
이 바뀌어야 합니다. 내 주머니 안에 있거나 내 집안에 놓여있는 것은
내 것이고, 내 집 밖에 있는 모든 것은 내 것이 아니라는 생각을 바꿔
야 합니다.
회사 안에 있는 모든 것은 우리나라 것이니 또 내 것입니다.
지구상 그 어디에 있든지 하나님의 것이니 또한 내 것입니다.
공기도, 자연도, 물도, 자원도 모두 내 것입니다.

내 것이니 보살피고, 아끼고, 가꾸어야 하지 않겠습니까?

무슨 일을 하든지 마음을 다하여 주께 하듯 하고
사람에게 하듯 하지 말라
(골 3:23)

빽 없는 놈
어디 해 먹을 일 있겠나?

빽이 없어도 할 일은 많습니다.

빽이 없으면 실력으로 부딪치세요. 실력도 없으면 신용으로 부딪치세요. 성실로 부딪쳐 보세요. 정직으로 부딪쳐 보세요. 빽으로 부딪치는 것보다 강하고 오래갑니다. 빽은 오래가지 않습니다. 믿었던 사람이 무너지면 나도 따라 무너지고 맙니다. 다시 일어설 기력도 없습니다. 그러나 실력으로 부딪치고, 신용으로, 성실로, 정직으로 부딪친 사람은 오래오래 지속할 수 있습니다.

어디 빽을 써서 해 보려고 누구를 찾아다니지 마세요. 그 시간에 실력을 쌓으세요. 어디 아는 사람은 없는지, 부탁할 데는 없는지 찾아다니지 마세요. 그 시간에 성실과 신용을 쌓아보세요.

요셉은 빽이 없었습니다. 혈혈단신으로 팔려갔습니다. 요셉은 사람을 의지하지 않았습니다. 오직 하나님 빽만 믿고, 믿음과 성실로 놀라운 축복을 누렸습니다.

귀인들을 의지하지 말며 도울 힘이 없는 인생도 의지하지 말지니
그의 호흡이 끊어지면 흙으로 돌아가서 그 날에 그의 생각이 소멸하리로다
(시 146:3-4)

창피하게 어떻게
그런 일을 해

남들이 하면 창피하지 않고, 내가 하면 창피한 일이 됩니까?
나는 그런 일을 하면 안되고, 다른 사람은 해도 괜찮다는 건가요? 일과 신분은 관계가 없습니다. 궂은 일을 할 줄 알아야 영광스러운 일도 할 수 있습니다.

가난한 농부가 피땀 흘려서 번 돈으로 아들을 서울로 유학을 보냈습니다. 오직 아들을 위해 똥지게, 거름지게를 지며 온몸을 돌보지 않았습니다. 방학이 되어서 아들이 서울 친구들을 데리고 고향을 찾았습니다. 집에 도착하니 아버지는 일을 나가고 계시지 않았습니다.
얼마 후에 아버지가 집에 오셨습니다. 등에는 채소밭에 뿌리고 오신 똥지게가 지워져 있었고, 온몸은 땀과 거름으로 얼룩져 있었습니다. 그러나 표정은 밝았습니다. 사랑하는 아들이 온 것을 보았으니 말입니다. 반가움에 못 이겨 아들을 향해 달려오는 농부의 볼품없는 모습을 본 서울 친구들이 물었습니다.
"저 사람 뭐하는 사람이냐?"
아들의 대답입니다.
"응, 우리 집 머슴이야."

존귀하나 깨닫지 못하는 사람은
멸망하는 짐승 같도다
(시 49:20)

너한테만 알려주는
비밀이야

비밀처럼 빨리 퍼지는 것도 없습니다.
오히려 공개된 말보다도 비밀이 더 빨리 퍼지는 것 같습니다.

비밀은 감추고 덮어두는 것이 비밀인데 비밀이라고 생각되면 남에게 알리지 않고는 배겨나지 못하는 것이 사람의 본성인가 봅니다. 그래도 양심은 있어서 공개적으로는 말 못 하고, 한사람씩 찾아가서는 이렇게 말합니다. "이거 비밀이야, 너한테만 알려주는 것이니 절대 남한테는 말하지 마!" 그리고는 너한테만 알려주는 비밀이라고 해 놓고는 딴 사람을 찾아가 같은 말을 되풀이합니다. 이 말을 들은 사람도 같은 방법으로 다른 사람을 찾아가서 같은 말을 되풀이하게 되니 기하급수적으로 비밀이 퍼져서 모르는 사람이 없게 됩니다.

좋지 않은 비밀이라면, 지켜주세요.
남의 허물을 들추어내는 비밀이라면, 내 선에서 멈추도록 하세요.
남의 행동을 비방하는 비밀이라면, 내 귀에 전해진 것이 마지막이 되도록 하세요.
칭찬은 드러낼수록 아름답고, 허물은 덮을수록 아름답습니다.

허물을 덮어 주는 자는 사랑을 구하는 자요
그것을 거듭 말하는 자는 친한 벗을 이간하는 자니라
(잠 17:9)

다시 내려올 산을
뭣 하러 힘들게 올라가냐?

다시 배고플 텐데 뭣 하러 먹을까요?
다시 졸릴 텐데 잠은 왜 밤마다 자는 걸까요? 퇴근할 회사에 왜 아침마다 출근할까요? 조금만 더 힘들어도 하지 않으려 하는 나약한 현대인들이 많습니다.

산은 힘드니 유원지로 가고, 계단은 숨차니 에스컬레이터를 이용하고, 여름은 더우니 그늘로 가고, 겨울은 추우니 양지로 가서 주저앉으면 평생 할 일이 없습니다.
무슨 일이든지 힘들여 해야 보람이 있습니다. 삶의 참 의미와 기쁨은 힘든 일을 한 후에야 얻습니다. 숨이 턱에 차도록 산을 올라야 정상에 서서 천하를 내려다보는 환희가 있습니다.
땀을 흘려야 냉수의 진가를 맛볼 수 있습니다.

산을 오르세요. 계단을 오르세요.
땀을 흘리세요. 때론 눈물도 흘리세요.
살맛나는 세상이 될 것입니다.

선을 행함으로 고난 받는 것이 하나님의 뜻일진대
악을 행함으로 고난 받는 것보다 나으니라
(벧전 3:17)

못 먹을 감 찔러나 보지

영화에 나오는 악당들의 한결같은 못된 짓이 바로 이것입니다.
좋은 것은 모두 자기가 차지하려 하고 그럴만한 여건이 되지 않을 때
는 남도 갖지 못하도록 파괴시켜 버립니다.
아주아주 치사하고 못된 일입니다.

솔로몬 왕의 시대에 남의 아이를 깔아 죽인 못된 여인의 마음도 이와
같았습니다. 어찌 자기도 아이를 낳아본 어머니로서 아이를 절반으로
잘라 나누라는 판결에 그러라고 할 수 있을까요? 생각만 해도 등골이
오싹한 일입니다.
그런데 이런 악당과도 같고, 못된 여인과도 같은 마음이 우리 속에도
있습니다. 그러기에 늘 마음을 다스리고 단속해야 합니다.

언제 이런 마음이 행동으로 옮기려 들게 할지 모르기 때문입니다.

그 산 아들의 어머니 되는 여자가 그 아들을 위하여
마음이 불붙는 것 같아서 왕께 아뢰어 청하건대 내 주여 산 아이를 그에게 주시고
아무쪼록 죽이지 마옵소서 하되 다른 여자는 말하기를 내 것도 되게 말고
네 것도 되게 말고 나누게 하라 하는지라
(왕상 3:26)

내 돈 안 나가는데
팍팍 쓰지 뭐

꼭 내 주머니 안에 있어야 돈이 아닙니다.
회사에 있는 돈도 내 돈이고, 크게 보면 국가에 있는 돈도 내 돈입니다. 설악산도 내 산이요, 지리산도 내 산입니다.
내가 가꾸고 보존해야 내가 즐기고 자손이 즐깁니다.

들에 핀 야생화도 내 꽃이요, 깊은 산에 핀 꽃들도 내 꽃입니다. 우리 집 수도꼭지에서 나오는 물도 내 물이요, 계곡에서 흘러내리는 물도 내 물입니다. 내가 오물을 버리지 않고 내가 보호해야 길이길이 나와 내 자손이 누리게 됩니다.

내 수중에 없다고 해서 낭비하고 오염시키면 결국 그 모든 피해들은 내가 보게 됩니다. 사람이 돈을 아끼면 돈도 사람을 귀하게 만들어 줍니다. 사람이 자연을 아끼면 자연은 수천 배 더 좋은 것으로 사람에게 되돌려 줍니다.

아낍시다. 내 몸처럼….

성실하게 행하는 자는 구원을 받을 것이나
굽은 길로 행하는 자는 곧 넘어지리라
(잠 28:18)

줄만 잘 서면 되는거야

꾀가 많은 사람이 잠시 유리합니다.

그렇지만 꾀로 인해 얻어지는 유익은 오래가지 않습니다. 꾀로 사는 사람은 또 다른 꾀로 자신을 유지해 가려하지만, 꾀는 곧 종말을 가져옵니다.

예비군 훈련장에 가면 꾀돌이 예비군들이 많습니다. 앞줄에 서지 않습니다. 앞줄서부터 끊어서 사역을 잘 시키기 때문입니다. 뒤쪽으로도 잘 서지 않습니다. 뒤에서부터 끊어 나오는 수도 종종 있기 때문입니다. 그래서 눈치껏 줄을 섭니다. 분명 그날은 사역도 안 하고 무거운 총기 박스도 들지 않아 편하게 지냅니다. 그러나 그날 하루만이 삶의 전부가 아닙니다. 너무나 분명한 것은 그렇게 꾀를 내어 하루를 잘 넘긴 사람의 대부분의 삶은 어렵고 불행합니다.

왜냐하면 그런 삶의 자세로 일상생활을 사니 잘 될 리가 없고, 복 받을 리가 없습니다. 앞줄에 서서 무지하게 고생한 사람들을 보면 한결같이 잘 살고 행복한 것을 봅니다.

꾀로 살지 말고, 성실로 사세요.

너는 마음을 다하여 여호와를 신뢰하고
네 명철을 의지하지 말라
(잠 3:5)

밑천이 있어야
돈을 벌지

밑천을 돈으로만 생각해서는 안됩니다.

돈도 밑천 중의 하나입니다.

그러나 돈만 있다고 해결되는 것이 아닙니다. 돈이 아무리 많아도 기술이 없거나 신용이 없거나 건강이 없으면 아무 소용이 없습니다.

돈이 없어도 건강이 있으면 무엇이나 할 수 있습니다.

돈이 없어도 기술이 있으면 살아갈 수 있습니다.

돈이 없어도 신용이 있으면 희망이 있습니다.

자꾸만 모든 것을 돈과 결부시키지 마세요. 내게 있는 밑천을 찾아보세요. 다른 것은 다 없어도 건강이 있으면 걱정할 것이 없습니다. 신용이 있어도 해낼 수 있습니다. 기술이 있다면 더욱 좋겠지요.

그 어느 것 중 하나는 틀림없이 있을 것입니다. 그것이 돈보다도 더 귀한 밑천입니다.

자! 지금부터 그 밑천을 가지고 한번 시작해 보세요.

어떤 사람에게는 성령으로 말미암아 지혜의 말씀을,
어떤 사람에게는 같은 성령을 따라 지식의 말씀을,
(고전 12:8)

넌 해봐야 별 수 없어

지금 프로야구를 보다가 들어와서 이 글을 씁니다.

OB팀이 쌍방울팀을 12대2로 이기고 있습니다. 도저히 따라잡기 어려운 점수임에는 틀림없습니다. 그러나 분명한 것은 쌍방울팀이 포기하지 않을 것이라는 겁니다. 아직 4회나 공격 기회가 있기 때문입니다. 언제 OB팀이 난조에 빠지고, 쌍방울팀이 신나게 방울을 울릴지 모르기 때문입니다.

해봐야 별 수 없다는 생각을 하지 마세요. 아무리 밀리고 있어도 최선을 다하면 기회가 옵니다.

조금 전에 끝난 WBA 주니어 라이트급 2차 방어전인 최용수 선수와 파나마의 소토 선수의 경기는 한편의 드라마였습니다. 3회에 다운을 당한 최용수 선수는 4, 5, 6회에 언제 꺼질지 모르는 바람 앞에 촛불이었습니다.

그러나 7회부터 전열을 가다듬은 챔피언은 8회에 통쾌한 역전 KO승을 만들어 냈습니다.

해봐야 별 수 없겠다는 생각을 4회에 했다면, 이미 챔피언은 4회에 끝났을 것입니다.

그러나 내가 가는 길을 그가 아시나니
그가 나를 단련하신 후에는
내가 순금 같이 되어 나오리라
(욥 23:10)

언제 또 보겠다고…
잘 해줄 것 있나?

피서지에는 한철 장사로 1년을 먹고 산다고 합니다.

그래서 이때 많이 남겨야 1년의 생활이 여유가 있습니다. 손님은 가만히 있어도 밀려드니 값은 올리고, 질은 낮추어도 피서객들은 울며 겨자 먹기로 이용 할 수밖에 없습니다.

내년에 또 오든 말든, 평판이 좋든 나쁘든 그것은 신경 쓸 문제도 아닙니다. 많이만 팔면 최고입니다. 바가지가 풍성한 계절!

이런 상혼은 어쩔 수 없는 현실일까요? 피서지 이야기가 목적은 아닙니다. 우리네 삶에서 이기적인 마음을 한번 생각해 보자는 것입니다.

잘 아는 끼리끼리는 법과 도덕을 초월해서까지 잘 해주고, 언제 또 볼지 모르는 사람에게는 껍데기 정성만 보이는 공평치 못한 마음 말입니다. 다소의 차이야 사람이니 어쩔 수 없겠지요.

공평한 저울추를 하나님은 복을 주십니다.

너는 네 주머니에 두 종류의 저울추 곧 큰 것과 작은 것을 넣지 말 것이며
네 집에 두 종류의 되 곧 큰 것과 작은 것을 두지 말 것이요
(신 25:13~14)

돈 벌면 그때 가서
남을 도와야지

돈 벌면, 시간 여유가 생기면, 이 문제만 해결되면 하겠노라는 사람들이 1000년 전에도 많이 있었습니다.
그러나 그 사람들은 계속 같은 말만 반복하다가 900년 전에 무덤에 들어간 이후 오늘까지 그 약속을 지키지 못하고 있습니다.
오늘도 같은 약속을 하고 있는 사람들은 또 1000년이 지나도 무덤 속에서 같은 말을 할 것입니다.

돈을 벌면 더 벌어야하기 때문에 도울 여유가 더 없어집니다. 시간이 생기면 일도 또 생깁니다. 이 문제가 해결되면 저 문제가 "나 여기 있어요." 하고 인사하며 들어옵니다.

미루지 마세요.
"내일 하지!"와 "죽으면 하지!"와는 사촌간입니다.
그것도 아주 친한 사촌 사이입니다.

구제를 좋아하는 자는 풍족하여질 것이요
남을 윤택하게 하는 자는 자기도 윤택하여지리라
(잠 11:25)

늙으니 아무 할 일이 없구먼

아닙니다. 늙어도 할 일이 많습니다.

일을 찾아보세요. 얼마든지 있습니다. 손자를 돌보는 것도 일입니다. 풍부한 삶의 경험으로 가정을 이끄시는 것도 일입니다. 학교 앞 건널목에서 노란 깃발을 잡고만 계셔도 큰일을 하시는 것입니다. 공원 벤치에서 전도지를 나누어 주셔도 큰일을 하시는 것입니다. 나라를 위해, 교회와 가정을 위해 기도하신다면 중요한 일을 하고 계신 것입니다. 젊은이들 앞에서 휴지 한 장을 주워 휴지통에 손수 넣으시거나 그렇게 시키셔도 큰일을 하시는 것입니다. 온갖 풍상을 이기고 살아오신 주름진 얼굴에 잔잔한 미소만 띄우신다 해도 사회를 위해서 큰일을 하시는 것입니다.

꼭 큰일만이 일은 아닙니다. 현역 군인으로 전방을 지켜야 애국자가 아닙니다. 기도로 지키면 됩니다.

수출 역군이 되어서 첨단 기기의 개발자가 아니어도 좋습니다. 작은 절약의 모범만 보이셔도 경제성장의 일익을 담당하시는 것입니다.

지금의 우리들보다 더 많은 시련의 시기와 격동의 삶을 이겨내시고 황혼을 거니시는 주름진 분들께 감사를 드립니다.

내가 어려서부터 늙기까지 의인이 버림을 당하거나
그의 자손이 걸식함을 보지 못하였도다
(시 37:25)

적당히 시간만 때워

적당히 시간만 때우면 당신의 삶도 땜빵 인생이 될 것입니다.

초등학교 시절에 축구공이 없어서 새끼줄을 둘둘 말아 찼습니다. 아무리 단단하게 감아도 몇 번만 차면 새끼줄이 풀려서 제대로 축구를 할수가 없었습니다. 그러다가 3학년쯤 되어서 고무공이 나왔습니다. 풀리지도 않고 바운드도 되니 천하를 얻은 기분이었습니다. 그러나 고무공은 잘 터졌습니다. 학교 울타리가 탱자나무라 가시에 자주 찔렸던것입니다. 그러면 닷새를 기다려 장이 서는 날에 가서 땜빵을 해왔습니다. 그러나 오래가야 2~3일 입니다. 터지면 땜빵하고 또 터지면 땜빵해서 공을 찼습니다. 그러니 한 달만 지나면 온통 땜빵투성이 입니다. 땜빵 위에 또 땜빵을 할 정도로 만신창이가 되었습니다.

적당히 시간만 때우려는 자세로 인생을 살다보면, 땜빵투성이의 고무공처럼 됩니다.

시간을 아끼세요.
시간이 돈이요, 자본입니다.

외인에게 대해서는 지혜로 행하여 세월을 아끼라
(골 4:5)

하나님이
날 버리셨나 봐요

사람은 하루에도 몇 번씩 손을 쥐었다 놓았다 합니다.

마음에 들면 움켜잡고, 싫으면 미련 없이 놓습니다. 그러나 하나님의
손은 잡는 기능은 있으신데 놓는 기능은 없으십니다. 사람이 뿌리치고
놓는 것이지 하나님께서 뿌리치시는 일은 없습니다.

탕자의 손도 잡아주시고, 문둥이의 손도 잡아 주십니다. 도둑질한 손
도 잡으시고 피 흘린 손까지도 뿌리치시지 않으십니다. 상한 갈대를
꺾지 아니하시고 꺼져가는 등불을 마저 끄시지 않으십니다.

하나님께서는 어떠한 상황에서도 택하신 당신의 자녀의 손을 결코
놓지 않으십니다.

부모는 자식의 손을 놓을 수도 있습니다. 부모의 손 역시 약하기 때문
입니다. 자녀와 비교해서 좀 더 강할 뿐이지 절대적인 힘은 없습니다.
하나님의 손은 강하십니다. 지구를 한 손으로 들어 올리실 수도 있고
우주를 팽이 돌리듯 돌리실 수도 있습니다.

하나님, 오늘도 제 손을 잡고 계시니 감사합니다.

> 여인이 어찌 그 젖 먹는 자식을 잊겠으며
> 자기 태에서 난 아들을 긍휼히 여기지 않겠느냐
> 그들은 혹시 잊을지라도 나는 너를 잊지 아니할 것이라
> (사 49:15)

너 하나 그런다고
달라질 것 같냐?

한 사람의 역할은 중요합니다.

군중 속에서 한 사람의 역할이 별 것 아닌 것 같으나 그렇지 않습니다.

사실 이 세상은 소수의 사람들에 의해 움직여지고 있습니다.

다 휴지를 아무데나 버려도 나 하나는 버리지 않아야 합니다. 다 신호를 어기고 빨간불에 건너가도 나 하나는 지켜야 합니다. 다 대충대충 얼버무려도 나 하나는 차근차근 정성을 다해 일해야 합니다.

다 그러는데, 다 버리는데, 다 건너가는데 한 사람이 그러지 않는 것은 대단한 것입니다. 이런 사람에 의해 이 땅에 질서와 평화가 이루어지는 것입니다. 얼핏 보기에는 이런 사람의 역할이 아무런 힘과 의미도 없는 것 같으나 그렇지 않습니다.

요셉에 의해 뭇 백성이 기근에서 목숨을 유지하고, 모세에 의해 홍해가 갈라집니다. 다윗에 의해 왕권이 확립되고, 사도 바울에 의해 복음이 온 땅에 퍼져 나갔습니다.

나 하나가 잘하면 세상은 달라집니다.

다니엘은 뜻을 정하여 왕의 음식과 그가 마시는 포도주로
자기를 더럽히지 아니하리라 하고
자기를 더럽히지 아니하도록 환관장에게 구하니
(단 1:8)

친구가 하라고 해서
한 거예요

책임 전가는 옛날부터 내려온 인간의 속성입니다.

아담은 선악과를 따먹게 된 동기를 하와에게 떠넘겼고, 하와 역시 아담에게 질세라 얼른 뱀에게 떠넘겼습니다. 분명 자기의 잘못이 더 큰데도 최소한 축소시키고 남의 잘못을 확대해서 그 밑에 자기 잘못을 감추려고 하는 것이 인간의 죄된 속성입니다.

우리는 여기서 벗어나야 합니다. 솔직히 시인하는 용기가 필요합니다. 그 용기가 우선은 불이익이 될 것 같으나 그렇지 않습니다.

다윗 왕은 나단 선지자의 지적 앞에 즉시 시인하고 회개했습니다. 이것이 다윗의 위대함입니다. 베드로는 닭이 세 번 우는 소리를 듣고 즉시 밖에 나가 통곡했습니다.

누구 때문에… 라는 병에 걸리면 무섭습니다. 무엇이든지 여기에 적용시키기 때문입니다.

잘못을 지적 받으셨나요? 즉시 시인하고 용서를 비세요. 진정한 용기가 있는 사람은 사자를 맨손으로 때려잡는 것보다 자신을 돌아볼 줄 아는 사람입니다.

이에 베드로가 예수의 말씀에 닭 울기 전에
네가 세 번 나를 부인하리라 하심이 생각나서
밖에 나가서 심히 통곡하니라
(마 26:75)

장난삼아 해 본
일인데요 뭘

대개 큰 사건의 시작은 장난삼아 해 보다가 커진 경우가 많습니다.
장난삼아 시작한 노름이 패가망신을 가져오고, 장난삼아서 마신 술이
폐인을 만듭니다. 작은 일이라고 만만하게 보지 마세요. 거대한 댐도
바늘구멍이 무너뜨립니다.

가을 추수가 끝나고 겨울이 오면 농촌에는 별로 할 일이 없었습니다.
사랑방에 모여 앉은 어른들이 장난삼아 화투를 많이 쳤습니다. 처음에
는 알밤 맞기로 시작했다가 10원짜리로 커지고 몇 차례 돌아가면 100
원, 1000원… 하다가 집문서, 땅문서까지 발전해서 칼부림을 하는 경
우도 보았습니다.

장난삼아 해 본 일이라고 별 것 아니게 생각하지 마세요. 큰일 납니다.
장난삼아 해 본 일이라고 말할 때 대충 덮어주지 마세요.
따끔하게 혼을 내고 다시는 하지 않도록 금하세요.

좁은 골목을 지나면, 곧 대로가 나오듯이 장난 끝에는 반드시 큰일이
뒤따릅니다.

우리는 낮에 속하였으니 정신을 차리고
믿음과 사랑의 호심경을 붙이고
구원의 소망의 투구를 쓰자
(살전 5:8)

다 엎질러진 물이야

엎질러진 물은 다시 담을 수 없습니다.

그렇다고 끝은 아닙니다. 물은 또 있습니다. 기회는 또 있습니다. 엎질러진 물 앞에서 실망하고 좌절하기보다는 다시 물을 찾아 일어서야 합니다. 이삭은 우물을 팠습니다. 그러면 그랄 목자들이 와서 자기 것이라 우기고 빼앗아 갔습니다. 이삭은 또 다른 우물을 팠습니다. 또 우기면 옮겨서 다른 우물을 팠습니다. 포기하지 않는 이삭의 믿음에 하나님께서는 언제나 샘물을 주셨습니다.

힘쓰고 애써서 겨우 이루어 놓은 일이 실패로 돌아갔을 때, 하늘이 무너지는 실망과 좌절을 느낄 것입니다. 다시 일어설 힘이 없다고 생각될 때가 있을 것입니다. 이제는 다 엎질러진 물이라고 생각될 때가 있을 것입니다.

일어서세요.
물을 찾아 일어나세요.
반석에서 샘물이 솟아나듯이 끝까지 최선을 다하는 사람 앞에는 응답의 생수가 터질 것입니다.

내 영혼아 네가 어찌하여 낙심하며
어찌하여 내 속에서 불안해 하는가
너는 하나님께 소망을 두라 그가 나타나 도우심으로 말미암아
내가 여전히 찬송하리로다
(시 42:5)

하나님이 어디 있냐?

세상에서 가장 어리석은 사람은 하나님이 없다고 하는 사람입니다. 박사 학위가 열 개가 넘는다고 해도 하나님의 존재를 모르면 어리석은 사람입니다. 일류 대학교 총장을 지냈다 해도 하나님을 모르면 가장 어리석은 사람입니다. 사업에 재능이 있어서 세계적인 재벌이 되었다 해도 하나님을 모르면 아무것도 가진 것이 없는 어리석고 불쌍한 사람입니다.

골리앗은 사나이 중의 사나이였습니다. 천하제일의 장군이요, 용장이었습니다. 서장훈보다 크고 215cm의 NBA 스타 샤킬 오닐도 비교가 안되는 대장군이었습니다. 키가 무려 3m에 달했고 갑옷 무게만 57kg이나 되었습니다. 골리앗이 농구를 한다면 천하에 적수가 없을 것입니다. 그러나 골리앗은 하나님을 모욕하다가 소년 다윗의 물맷돌에 맞아 최후를 맞았습니다.

하나님은 살아 계십니다!
하나님을 찬양합니다!

여호와를 경외하는 것이 지혜의 근본이요
거룩하신 자를 아는 것이 명철이니라
(잠 9:10)

내가 부잣집 아들로만
태어났더라면…

부잣집에서 태어난다고 해서 행복이 보장되어 있는 것은 아닙니다. 행복은 날개가 있어서 생각대로 머물러 주지 않습니다. 문제는 의식입니다. 부잣집에서 태어나도 자기 관리를 잘하면 주어진 여건을 활용해서 큰일을 할 수 있고, 찢어지게 가난한 집에서 태어났다 할지라도 올바른 의식만 갖고 있으면 더 큰일도 해낼 수 있습니다.

에어컨이 설치된 전망 좋은 방에서 개인 과외 선생님과 시중 드는 사람까지 붙여주어도 인생을 실패자로 사는 사람들이 많고, 단칸 셋방에서 대식구가 발을 오므리고 자고, 책상이 없어 사과 박스를 깔고 공부해도 성공하는 사람들도 많습니다.
환경을 탓하지 마세요. 사람이 환경에 영향을 받기는 하지만 환경보다 강한 것이 또한 사람입니다.

금수저로 유복한 환경에서 태어나셨습니까? 부모님께 감사하고, 겸손히 그 복을 계속 이어나가십시오. 흙수저로 어려운 환경에서 태어나셨습니까? 더 좋은 기회입니다. 전자는 유에서 유를 이어가는 자요, 후자는 무에서 유를 창조할 수 있기 때문입니다.

> 사람이 마음으로 자기의 길을 계획할지라도
> 그의 걸음을 인도하시는 이는 여호와시니라
> (잠 16:9)

에이, 전쟁이나 터져서
다 죽어 버렸으면 좋겠다

얼마 전에 택시를 탔습니다.

그런데 기사의 표정이 일그러져 있었습니다. 오후의 한나절을 교통이 막히는 쪽으로만 다니게 되었나 봅니다.

짜증과 피곤이 겹쳐서인지 말이 막 나왔습니다.

"에이, 이놈의 세상! 전쟁이나 터져서 다 죽어 버렸으면 좋겠다." 라는 것입니다. 인간들이 너무 많다는 것입니다. 거치적거려서 운전 못해 먹겠다는 것입니다. 그러니 전쟁이나 터져서 다 죽던지, 절반쯤 죽어서 차가 잘 빠져야 한다는 지론이었습니다.

택시기사의 기분을 바꾸어 보려고 몇 마디 해 보았으나 별 효과가 없었습니다. 급출발, 급정거, 급차선 변경이 반복되는 동안 불안해서 온 몸에 힘이 들어갔습니다.

말은 막 하는 것이 아닙니다. 감정이 끓어오르더라도 최종적으로 입에서 나올때는 최대한 부드럽게 만들어서 내 보내야 합니다. 말은 능력이 있어서 내뱉은 그대로 되기가 쉽습니다.

그 기사님 사고 안 내고, 지금도 잘 다니고 있는지 걱정입니다.

입을 지키는 자는 자기의 생명을 보전하나
입술을 크게 벌리는 자에게는 멸망이 오느니라
(잠 13:3)

젊을 때 안 놀면
언제 노냐?

"노세 노세 젊어서 놀아 늙어지면 못 노나니" 라는 노래 가사가 있습니다. 얼핏 들으면 지혜로운 것 같습니다. 힘이 있을 때 놀러 다녀야지 늙고 힘없으면 놀고 싶어도 못 논다는 말입니다.

깊이 생각해 보세요. 인생은 나중이 좋아야 성공적인 삶입니다. 잠시 지나가는 젊음의 순간을 위해 놀다보면 하염없는 세월을 번민해야 합니다. 봄에 씨를 뿌리지 않으면 가을이 허전하고 겨울이 참담합니다. 일이 곧 노동은 아닙니다. 일에 대한 자세에 따라 노동도 되고 즐거움도 됩니다. 젊을 때 놀기도 해야겠죠. 그러나 노는 것은 마약중독과도 같아서 자꾸 놀고 싶게 만듭니다.

철저한 자기통제에 자신이 없으면, 젊을 때에는 부지런히 일하세요. 일을 즐기세요. 그리고 남은 생애를 행복하게 장식하세요. 봄에 땀을 흘린 농부는 가을에 기쁨이 넘칩니다.

젊을 때에 일 안 하면, 언제 하시렵니까?

청년이여 네 어린 때를 즐거워하며 네 청년의 날들을 마음에 기뻐하여
마음에 원하는 길들과 네 눈이 보는 대로 행하라
그러나 하나님이 이 모든 일로 말미암아 너를 심판하실 줄 알라
(전 11:9)

고리타분한 어른들 말 듣지마

요즘 신세대는 옛날과 많이 달라졌습니다.

예전에는 자기 생각이 옳은 것 같아도 일단 어른의 말씀을 들었습니다. 어른의 경험을 인정했고, 권위에 순종했습니다.

그러나 신세대는 자기 소견대로 말하고 행동합니다. 물론 좋은 점도 있지만 어른들의 오랜 경험과 체험에서 나온 말씀에 따르는 것이 옳은 일입니다. 왜냐하면 자기들은 모르고 짐작하는 일이고, 어른들은 몇 번이나 경험한 결과로 말씀하시는 것이기 때문입니다.

솔로몬 왕의 아들 르호보암이 왕이 된 후에 첫 번째 중요한 결정을 하게 되었습니다. 백성이 나아와 왕에게 간청했습니다. 부친인 솔로몬 왕이 멍에를 너무 무겁게 하였으니 그 고역을 가볍게 하면 온 백성이 르호보암을 섬기겠다고 했습니다. 삼일의 기한을 정하고 왕은 부친과 함께 나라를 다스렸던 노인들과 자기와 함께 자라난 소년들의 의견을 들어본 후에 좋은 조언을 한 노인들의 의견을 무시하고, 소년들의 의견을 택해서 더 멍에를 무겁게 하고 백성을 채찍과 전갈로 다스리겠다고 했습니다. 백성들은 왕을 버리고 모두 떠나갔고 유다지파 하나만 남게 되어 결국 분열되는 이스라엘 왕국의 비극을 가져왔습니다.

백발을 존중하십시오. 백발은 영화의 면류관입니다.

지혜로운 아들은 아비의 훈계를 들으나
거만한 자는 꾸지람을 즐겨 듣지 아니하느니라
(잠 13:1)

있을 때 쓰고 보는 거야

있을 때 쓰고 보면 꼭 필요할 때 쓸 것이 없습니다.
무슨 일이든지 꼭 필요할 때에 쓸 수 있어야 가치가 있습니다. 무의미
하게 쓰여 지는 100만 원보다는 의미 있게 쓰여 지는 만 원이 더 가치
가 있습니다.

뉴욕의 할렘가를 관광한 적이 있습니다. 세계 최고의 도시인 뉴욕의
한쪽에 이런 곳도 있는가 싶을 정도로 눈을 의심하게 했습니다. 폐허
가 된 거리, 불탄 건물, 깨어진 유리창, 낙서투성이의 벽, 검은 사람,
검은 건물, 비둘기까지 검은 비둘기였습니다. 흰 비둘기가 오면 돌로
때려죽인다는 것입니다. 가이드의 말을 들으니 여기의 흑인들은 계획
없이 산다는 것입니다. 100달러를 벌면 이 돈을 어떻게 써야만 자기
생활을 누리고 장래를 계획할 수 있겠다는 계산에 의해서 돈을 쓰지
않고, 일단 내 손에 들어왔으니 있을 때 쓰고 보자는 것이 생활철학이
라는 것입니다. 그러니 되는 대로 다 써버리고 쓰레기통을 뒤지든지
일자리를 찾아 헤매든지 한다는 것입니다.
물론 훌륭한 흑인들도 많지만 할렘가의 흑인들은 오늘도 그런 삶을 살
고 있다는 것입니다.

있을 때 쓰십시오. 그러나 생각하고 쓰십시오.

> 그러므로 어리석은 자가 되지 말고
> 오직 주의 뜻이 무엇인가 이해하라
> (엡 5:17)

아무래도 나만 따돌리는 것 같아

사람이 편견을 갖기 시작하면 끝이 없습니다.

건조한 봄에 산불이 붙듯이 바람 부는 대로 이리저리 번져 걷잡을 수가 없게 됩니다.

나쁜 것은 당연히 나쁘게 보고, 보기 나름인 것도 나쁘게 보고, 좋은 것도 나쁘게 보게 됩니다. 비웃으면 분노하고, 그냥 쳐다봐도 째려본다고 생각하고, 좋게 웃어도 비웃는다고 생각합니다.

군대에서 같이 생활한 동료 한사람은 긴장하면 입모양이 비웃는 듯한 모습으로 보였습니다.

본인은 그게 아니었는데 오해가 되어 많이 맞았습니다.

상사로부터 훈시를 받거나 기합을 받을 때면 긴장이 되어 입을 굳게 다문다는 것이 이상하게 보여 "너 이리 나와! 기합 받는 녀석이 비웃어?" 하며 애매하게 많이 맞았습니다.

편견을 버리세요. "나한테만 연락을 안 한 걸 보니 나만 따돌리는 것 같아." 아닙니다. 깜빡 잊고 그럴 수 있습니다.

"내가 인사했는데 받지도 않아? 그럴 수가 있어?" 그럴 수 있습니다. 여러 사람 틈에서 못 봤을 수도 있습니다. 이해하고 기다리세요. "그랬었구나!" 하는 말이 나올 것입니다.

하나님과 그리스도 예수와 택하심을 받은 천사들 앞에서 내가 엄히 명하노니 너는 편견이 없이 이것들을 지켜 아무 일도 불공평하게 하지 말며 (딤전 5:21)

기도해 봐야 별 수 없더구먼

동네 뒷산에 올라가 "동해가 안 보이네?" 한다면 웃을 것입니다.
해수욕장에서 튜브를 타고 "고래가 안 보이네?" 해도 웃을 것입니다.
그런데 한두 번 기도하고 "기도해 봐야 별 수 없더구먼!" 이라는 말은
잘 합니다. 동해를 내려다보려면 동쪽으로 가서 1000m 이상의 산을
숨 가쁘게 올라가야 합니다. 고래를 보려면 큰 배를 타고 거친 파도를
헤치고 바다 한가운데로 나아가야만 합니다.

딸아이가 어렸을 때 팔굽혀펴기를 두 번하더니 그것도 팔은 굽히지도
못하고 엉덩이만 두 번을 올렸다 내렸다 하고서는 의기양양하게 제게
왔습니다. 그리고는 팔을 걷어붙이더니 인상을 쓰며 잔뜩 구부리고는
말했습니다.
"아빠! 알통 보세요."
알통커녕은 만져보니 솜처럼 말랑말랑했습니다. 팔굽혀펴기 몇 번하면
알통이 나온다고 믿은 모양입니다.

쉽게 얻으려는 속성이 기도에서도 나타납니다. 기도의 응답은 귀합니
다. 귀한 만큼 오래 기다려야 합니다. 곡식을 심어 놓고 싹이 안 난다
고 땅을 파헤치면 안되듯이 기도의 응답은 끝까지 기다리는 자에게 주
어집니다.

> 너희도 길이 참고 마음을 굳건하게 하라
> 주의 강림이 가까우니라
> (약 5:8)

양보하는 놈만
바보 되는거야

양보해서 바보 된 사람은 아직 없습니다.

단지 바보된 것으로 착각한 것뿐입니다. 양보해서 바보 될 사람은 앞으로도 없을 것입니다. 양보는 미덕이라고 했습니다. 양보하면 우선은 손해를 보는 것 같습니다. 더 늦는 것 같습니다.

이것이 바로 착각입니다. 인생은 100m 달리기가 아닙니다. 마라톤경주입니다. 멀리 바라보고 달려가야 합니다.

아브라함은 롯에게 양보했습니다. 뻔히 손해를 눈앞에 보면서도 양보했습니다. 롯은 인간의 눈으로 앞날을 내다보았고, 아브라함은 영적인 눈으로 앞날을 내다보았습니다. 하나님이 함께 하시면 돌밭에서도 풍성한 양식이 있고, 하나님이 떠나시면 옥토에서도 엉겅퀴가 뒤덮이는 것을 알았습니다. 그래서 아브라함에게는 여유가 있었습니다.

양보하는 사람이 바보 되는 것이 아니라 남을 밀치고 성급하게 날뛰는 사람이 바보가 됩니다.

네 앞에 온 땅이 있지 아니하냐 나를 떠나가라
네가 좌하면 나는 우하고 네가 우하면 나는 좌하리라
(창 13:9)

재수 없는 한 해였어!

지나온 일에 대해서 악평하지 마세요.
다가올 일도 악평이 따라옵니다. 지나온 일에 대해 한숨짓지 마세요.
한숨이 자기를 초청한 줄 알고 졸졸 따라 들어옵니다. 나쁜 과거는 훌훌 털어 버리세요. 밖에서 묻은 먼지가 뭐 곱다고 집안까지 묻혀 들어올 필요가 있겠습니까? 대문 고리를 잡기 전에 먼저 훌훌 털어 버리십시오. 빗속을 지나올 때 묻은 흙탕물도 털어 버리고, 쓰레기장을 지나올 때 묻은 부스러기도 떨어버리십시오. 그리고 새로 시작하십시오.

1년 365일을 사는 동안 좋은 일만 있을 수 있겠습니까?
서운했던 일, 배신감 느꼈던 일, 무시당했던 일, 한없이 초라하게 느꼈던 일, 아무도 알아주지 않았던 일들을 훌훌 털어버리세요. 이것들은 털어버리지 않으면 접착력이 강해서 언제나 묻어 다닙니다. 좋은 일보다 나쁜 일이 더 많았다고 해도 말을 바꾸어 보세요.

"좋은 한 해였어!" "가능성을 발견한 한 해였어!"
하나님께서는 우리를 향해 이 말씀으로 권고하십니다.

**죽고 사는 것이 혀의 힘에 달렸나니
혀를 쓰기 좋아하는 자는 혀의 열매를 먹으리라** (잠 18:21)

생명을 사모하고 연수를 사랑하여 복 받기를 원하는 사람이 누구뇨
네 혀를 악에서 금하며 네 입술을 거짓말에서 금할지어다
(시 34:12-3)

입술의 열매
열매 시리즈 - 1

저자 : **노 길 상**

발행처 : **솔라피데출판사**
전화 : (031)992-8692 / 팩스 : (031)955-4433

공급처 : **미스바출판유통**
전화 : (031)992-8691 / 팩스 : (031)955-4433

값 15,000원